教育改革の9割が間違い

諏訪哲二
Suwa Tetsuji

ベスト新書
565

まえがき

アクティブ・ラーニングという教育方法が流行りはじめている。

これは二〇一六年の学習指導要領の改訂案において「主体的・対話的で深い学び」という言葉にも置き換えられた手法で、子どもの「個性」が積極的に学習に参加し、能力を育むことを目指している。

具体的には、班学習の形態で教師が提示した課題を班の内部で討議し、それを班対抗の形で議論し合うなどする。

教師による一斉授業を超えるものと考えられており、「ゆとり」教育と異なり行政からも学者からも支持されている。生徒の積極的参加を目玉としている点では「ゆとり」教育と共通している。

果たして、アクティブ・ラーニングは学校や教育方法を根本的に変えることができるのだろうか。

過去、文部科学省（以下、文科省）によって決定されてきた教育改革のほとんどが実際の教育現場で機能せずにきている。本書では、教育における四つのちから――「行政のちから」「教師のちから」「民間のちから」「子どものちから」の動きを大切に考えてその原因を検討するとともに、学校教育における本質的・構造的な問題点を見ていく。

世の中は常識で組み立てられているが、とりわけ教育・学校はみんなが経験しているのでその考えも多岐にわたる。従って、教育論議は非常にやっかいなものになっている。

また、成績を上げるということが中心になりがちだが、一人前の社会人にするという目標が中心にならなければいけないと思う。

常識の中には教育行政がすべてを動かしているという思い込みもあるが、実際、教育・学校はそれぞれの社会勢力の総合として動いている。本書はそこに焦点を当ててみたい。

学校を取り巻く四つのちから

子どもは自《みずか》ら成長しながら、創《つく》られていく。形成されながら、育っていく。自然に育つわけではないし、すべてが創られるわけではない。自分でそうなっていくが、環境はまわりから与えられる。

子どもは受動的でありながら、能動的（主体的）である。子どもは「伸びる」だけで考えても、「形成される」だけで考えても教育を語ったことにならない。子育て、教育のむずかしさはそういう人間の二面性にある。

家庭、地域、学校が育つ環境である。教育学的には、家庭、地域、学校の三層構造を経由して、子どもは一人前のおとなになると考えられている。家庭、地域、学校は社会システムの一部であるから、時代ごとの社会システムの影響下にあると考えられよう。

明治の家庭と平成の家庭では、実態がかなり異なっているのもそのためだ。たとえば、明治の家長は強い統制力を持っていたが、平成では家長のイメージすらなくなっているといったふうに。

教育は学校だけでしているのではないのである。

そして学校は、国や自治体の政治のあり方の影響を受け学校を設置し、人員を配置し、教育内容を設定している「行政のちから」（文部科学省、教育委員会を含む）によって一方的に動かされているわけではない。

家庭、地域、社会といった「民間のちから」（経済界からの要請や地域の教育要求、親からの教育要求、学習塾・家庭教師の影響、教育評論家の言説）にも動かされているし、文部科学省や教育委員会の命令・指示によってではなく実際に子どもと向き合う「教師のちから」（学会や教職員組合、教育学者も含む）の役割も大きい。

当然、教育の対象（学習の主体）である「子どものちから」の働きも無視するわけにはいかない。

この四つのちからの複合的な動きによって、学校の方向性も学校の日常も創られている。そこで、子どもの人格や能力が学校を通じてどのように人間的に、あるいは社会的に形成されていくかを考えてみたい。教育も学校も教育方法も子どもを変革するためにあると思うからである。

なお、教育は明示されていなくても「人間とは〜である」が前提としてある。そのため、本書には「人間とは〜」がしばしば登場する。それは主として学者・研究者に共有されている思想や理論であり、教育をしている教師とはあまり関係がない。人間とは各方面から規定できるもので、本書で「人間とは〜」が登場してくるときは、私たちが経験的に確認できるもののひとつを挙げている。つまり、色々ある中から、こういう見方ではこういうことがいえる、ということを述べている。

教育界が大変革を迎えるいま、本当に大切な学校教育とは何か、教師のあり方とはどのようなものかを見つめ直すヒントとなれば幸いである。

教育改革の9割が間違い　目次

第二章　教師は「個性」を鍛えよ——57

目次・章扉デザイン　木村慎二郎

第一章

アクティブ・ラーニングは日本の教育を変えるか

I．教育は〈正論〉ではうまくいかない

「ゆとり」教育の失敗

「ゆとり」教育が後退し、最近隆盛を極めているアクティブ・ラーニングという教育方法がある。教師による一方的な授業展開ではなく、子どもたちの議論や討論を中心にする授業のやり方を指している。昔からある班形式の授業をさらに洗練させたものらしい。生徒の積極性を活かそうという点では同質である。

日本の入学試験は伝統的にペーパーテスト重視できたが、このやり方ではラーニング（学び、成績）を達成した生徒は選べても、アクティブ（個性的、積極的）な人材は浮かび上がってこない。

そこで東大も京大も個性的であり、かつ、学問を追究できる人材を求めて推薦入試を始めた。ほかの有力大学も続々後を追っている。

一九九〇年代に全国で実施された高校入試の推薦入試制度は、時間とともにどこも撤退してしまったようだが、有力大学が始め出したことは教育（どう人材を創《つく》るか、どう

いう人間が必要か）を考えるうえでとても興味深い。

九〇年代に高校入試で各県が推薦制度を採り入れたときには、これこそが教育改革の要《かなめ》になると喧伝《けんでん》されたが、十年も経たないうちにその勢いは止まり、その次に登場したのが「総合的な学習」を中核にすえた「ゆとり」教育だった。

「ゆとり」教育はご承知のように二〇〇二年の完全実施とともに、学力低下を招いたなどの批判にさらされ消え去っていった。「ゆとり」よりも「基礎・基本」を充実させる学力向上のほうが大切だと、世論の振り子が子ども中心主義から学力向上主義に振れたわけである。

「ゆとり」教育の理論や根拠は別に間違ってはいない。だが、とにかく成績が下がった、学力が低下したという民間の教育意志、つまり「民間のちから」と、教師・学者たちの「教師のちから」（学者たちは学力が低下する、教師たちはやり方がわからないという理由で）が、文科省の「行政のちから」の〈正論〉を弾きとばしたのである。

そして現代の教育の目玉はアクティブ・ラーニングである。中央教育審議会の答申（二〇一六年十二月）にも「アクティブ・ラーニングの視点」という言葉が使われ、学習指導要領の改訂案では「主体的・対話的で深い学び」というきれいな日本語に置き換えられている。

『週刊朝日』二〇一七年二月二四日号によると、教育関係の編集者の言《げん》として、〈最近は書名にAL（アクティブ・ラーニング）とつくだけで、すぐに重版がかかります〉という空前のALブームだという。こういう類《たぐい》のものはたいてい学者・研究者（文科省も含む）がアメリカから持ち込むものだという話を聞いたことがある。

アクティブ・ラーニングは伝統的な班学習に形態が似ている。数人で机を向き合わせて、提示された課題を討議しながらお互いの意見・識見を交換し合い、ひとりでは達成できない、より高い学習効果を出させようとするもののようである。

理論には限界がある

アクティブ・ラーニングは訳せば「能動的学習」である。

この言葉は、四五ページ、一一一ページで触れる「社会化」と「個性化」の「矛盾」を統一しようとする意図が表れている。教育論や教育方法がずっと抱え込んできた「社会化」と「個性化」の対立を能動的学習によって統一しようというわけである。

ラーニングは学びであり、学ぶべきものは子どもの外部に厳然とある。学ぶべきもの（真理、科学、普遍）は子どもが個性的に、つまり、好きなように設定できるものではない。それを教師が教え授《さず》けるものとしてではなく、自《みずか》らの意欲や個性で仲間と協力しながら積極的に発見し、自らの内部に定着させようとする狙いであろう。

つまり、能動的（アクティブ）というのは、子どもの「個性」が積極的に参加するという意味合いを強く含んでいる。

しかし、これまた「ゆとり」教育と同じように理屈が合いすぎている。理念が勝ちすぎている。正しい理屈を現実のものに転化しようという点で、「ゆとり」教育の展開とよく似ている。

頭や理念で考えて「正しい」と思われるものを学校の現実において実現しようとする考えは、学者・研究者や教育行政の指導者たちにとっては当たり前のことのようだが、長いこと生徒（子ども）と向き合う実践をしてきた教師の性《さが》なのか、自分の思想体験からなのか、私にはどうしても強い抵抗がある。「やるべき」正しい理念よりも、ずっと

「やってきた」現実や事実のほうが大切だという感覚がどうしてもある。

教師は未来の社会の形成者である子どもの育成にかかわるので、未来や世界や社会や人間のあり方に敏感なところがあるのかもしれない。

教師の個々が思わず知らず「やっている」生徒の人間形成は、思想や世界観や理念と密接につながりがある（当の教師がほとんど意識していなくてもつながらざるをえない。そして人間形成にはプラスの要素もマイナスの要素もあり、教育をしているときに教師や子どもにわかるものではない）。

現実との折り合い

正しい理念や思想がまず最初にあり、それを現実のものにするという考え方については、私たち日本人はありきたりだが、大きな挫折を経験している。

私は、昭和三五（一九六〇）年から昭和四三（一九六八）年まで、前半の四年は大学生、後半の四年は教師だったが、自覚的な左翼だった。社会主義・共産主義の理念と理論に惹かれたのである。これこそ正しい世界観、正しい哲学であると信じ込んでいて、そのための活動や学習に専念していた。

正しい思想や理念があり、それが現実社会を善《よ》いものに変えていくと思っていた。ソ連や中国や北朝鮮の内情については何ら情報がなく、何にも知らなかった当時の大学生の多くは、行動していなくても多かれ少なかれ左派だった。

これは第四章で詳述するが、戦後民主教育の影響によるものである。しかし、昭和四三（一九六八）年のチェコスロヴァキア（当時）で起こったプラハの春と呼ばれる民主化運動を、ソ連とその衛星国の戦車が踏みつぶした時点で目が覚め、左翼をやめようと決意した。

以来、正義とか正しい理念を現実に適用しようとする考えや思想には、強い抵抗感がある。理屈や理念が正しいからといって、人間社会的に、人類史的に正しいとは限らないという確信がある。

正しいと思う考えは、人間が頭で創り上げた（でっちあげた）ものであり、それが現実とうまく折り合いがついたときに初めて正しいかどうかわかるものだからである（それも人間には中々わからないものであろう）。

理念や理論を追求すること自体に反対ではないが、理屈や論理が合っているからといって、それが正しいという考えは執《と》らない。たいてい理念や理論はつじつまが合っているからである。それは、現実の人間生活と間尺が合って初めて正しいといえる。

現場で機能しなかった推薦入試

論が正しいということが現場での有効性を保証するわけではない。ひとつ実例を挙げよう。

九〇年代に、埼玉県の高校入試で定員の二割から三割を推薦制度によって合格させるよう、県教育委員会（以下、県教委）が指示してきた。私は伝統校かつ進学校であるK女子高校に居て、校務委員会に属していた。

私はこれに賛成し、積極的に推薦方法の案を出して、職員会議を通した。教員のほとんどが反対ないしは消極的であることはそのときすでにわかっていた。管理職も県の指示なので渋々従っている様子だった。

実施の年度から私は選ばれて教務主任になった（このことは推薦制度とは関係ない。

ほかに適任者が居なかったのである）が、入試の実質的な責任者であり、職員会議の決定どおり推し進めた。若干の反対やクレームもあったが、私は決定を楯《たて》に押し切った。

だが、K女子高校の推薦入試実施案も県の指示どおりのものではなかった。たとえば、面接試験は全員に同じ点が加算されるようにしてあった。どうしても教師の主観が入るから、点差をつけるのが嫌だというのである。

時期も対象人数も違うので単純な比較はできないが、二〇一七年度の東大の推薦入試にかんして、東大の副学長氏は〈ペーパーテストでは取りこぼしていた学生を、面接などを通して選抜できた〉（『週刊朝日』二〇一七年二月二四日号）として、面接試験を重要視していることを強調している。

どうしても主観が入ってしまう（平等が失われる）ことを承知のうえで、面接試験による人物評価を重視したのである。

一方、K女子高校ではまったく異なる様相を見せた。高校教師は謙虚なせいもあるのだが、面接試験の点数制は公平や平等を欠くとして忌避する。面接試験以外にも、生徒会活動や部活動の実績、校外での文化・体育活動やボランティア活動なども評価の対象とされていたが、こういうことに対しても反対や忌避の声があがった。

とにかく、従来どおり中学の成績（内申書）とペーパーテストの結果だけで選考するのが公平、平等であるとみな頑《かたく》なに信じ込んでいた。これがK女子高校のほとんどすべての教師の一致した〈正論〉だった。推薦に賛成していたのは私だけだったらしい。

その結果、何が起きたか。私が教務主任をやっていた三年間は、不満が燻《くすぶ》りつつも、県の指示に大枠として沿う形の職員会議の決定案で、推薦入試をおこなった。

だが、私が教務主任を降りるやいなや、四月早々に新任の教務主任が入試の各係の責任者を招集し、中学の内申点だけで推薦入試の合否を出すやり方に変えてしまったのである。

これに対し、管理職も何もいわなかった。私の知らないところで教員大衆の内々の打ち合わせがされており、管理職の内諾も取ってあったらしい。

その内容は県の指示から大幅にずれていた。先に書いた、面接試験を全員同じ点数にするというのは、おかしいけれどとにかく個人個人に点数をつけるという点で、県の指示に抵触したとまではいえない。

だがそういうレベルではない、県の指示に従わない項目がいくつも含まれており、もはや推薦入試と呼べるものではなくなっていた。

私はその点を校長に問いつめたが、校長は何にもいわなかった。学業の点数だけで入試の選考をすべきだという教員大衆の〈正論〉が勝利し、点数以外の人間的要素や活動の成果をも考慮に入れるべきであるとする県教委の〈正論〉は、「教師のちから」によって敗北したのである。教師も現場では大きな力を持つのである。

根拠なき〈正論〉

当時、多くの教師は私に対して、あの教務主任は「成績のみで選考すべきである」という〈正論〉に逆らって強引に推薦入試を進めたのだから、県教委の手先だろうと思っていたのかもしれない(但《ただ》し、二〇年以上経ったいまから考えると、県教委自身が故鳩山邦夫文部大臣の強引な手法に従わざるをえなかっただけで、本気では推薦入試がいいものだとは思っていなかったようにも思える)。

ここでいえることとは、文部省(現文部科学省)や教育委員会レベルでの〈正論〉、つまり「行政のちから」レベルの〈正論〉と、教師たちの「教師のちから」の〈正論〉とが違うものであり、「教師のちから」の〈正論〉が勝ったということであろう。

つまり、〈正論〉というのはその場に居る多数が理屈（頭）で納得できることなのである。その多数が一致する理屈の正しさはいったいどこから来るのか、何に根拠があるのかは問題とされない。強いていえば、多数者の合意でしかないのである。だが、多数者の合意が正しいとはいかなる思想家も哲学者もいっていない。

要するに、〈正論〉はみんなから支持されるものであり、それ自体として正しいといえる根拠を内部に持っているわけではない。

K女子高校の教師の多くは推薦入試を骨抜きにすることで、自分たちが正しいと思っている成績だけで合否を決定することが可能となり、かつ、日頃から反感を持っている県教委に一泡吹かせることもできて、みんなにこにこしていた。

「教師のちから」が、立場上自身の上位にある文部省（当時）・県教委の「行政のちから」を押しのけて正しい理屈を通したのだから、民主主義の勝利だと思っていたのかもしれない。

成績だけで選考することは彼らにとって疑うべくもない〈正論〉であった。これこそ公平、平等な選考方法であり、子どもたちの利益にも合致すると信じていたのだろう。幸か不幸か、文部省・県教委の「行政のちから」による〈正論〉は、教師たちの〈正論〉を揺るがすことすらできなかった。

教育というものの認識や子どもの人間成長に対する考えにおいて、「教師のちから」のほうが浅かったのであろう。やがて、埼玉県教委も時間とともに推薦入試の骨組みを解体しはじめ、成績本位の入試に転換していった。

これはまた「ゆとり」教育から学力中心主義に転がっていった、教育内容、教育方法の転換とも重なる。かくして、現在は大学入試の変革が国民的課題となっている。

有力大学の多くがペーパーテストを中心に選考することによって、学生たちの「個性」を取り落とすことになると考えている。そのことが学生たちの学業の成就、人材の育成、真理の探究に大きなマイナスを生じていると考えているようだ。

『文藝春秋』(二〇一七年三月特別号)に「東大は学力入試をなくせ——点数を重視している限り、変革の担い手は生まれない」という過激な名称の対談があり、そこで東大前総長の濱田純一氏は、次のように述べている。

〈いずれ入学者の選抜制度も変えなければならないでしょう。筆記試験の点数による一律の選抜をしている限り、環境は変わりません。長い目で見ると、現在の選抜方法は東大がさらに大きく伸びるチャンスを摘み取っていると思います〉

私自身が氏の発言の真意をよく理解できているとはいえないが、世間的な大学入試、あるいは大学教育の〈正論〉とは大きく違っていることはよくわかる。「教師のちから」も自己変革していくことを迫られていると思う。

II. 能動的学習と学力の向上は別ものである

成果の見えない班学習

アクティブ・ラーニング（能動的学習）は「行政のちから」の新しい〈正論〉であ

る。まだ小学校・中学校・高校の現場に定着しているわけではないし、とりわけ「教師のちから」に〈正論〉として受け容れられているわけでもない。

『朝日新聞』の教育担当のトップである氏岡真弓氏は「社説余滴」（二〇一六年九月二日付）で、次のように問題提起している。

〈「アクティブ・ラーニング」（能動的な学び）は、既に多くの学校が取り組んでいる。話し合いや発表を採り入れ、時間が足りなくなる授業をこの間、いくつも見た。深い学びを目指せば、相応の時間がかかり、教える中身を絞らざるを得ないと思うのだが、どこまで可能なのか〉

時間が足りなく中途半端になっているとか、教師の指導力が足りないという意味であろう。

もちろん、現在うまくいっていないからといって、この方法が間違っているとはいえない。だが、私の高校教師時代の実践の経験から原理的ないしは現実的な問題点がいくつか指摘できる。

私は英語の教師だったが、低位の高校で教えていた当時、かなりの期間にわたり班形態による授業をしたことがある。

発言競争の形を執《と》ることが多かったが、それはもちろん、積極的な授業参加を期待したからである。五人ずつ机を向き合わせて座らせ、班を主導する班長を決めさせ、班員の一人ひとりに発言点を決めさせた。

英語が比較的得意な子、また、発言するのが好きな子は一点、英語が苦手な子や発言に消極的な子は三点、その中間の子は二点といった具合である。持ち点は一班につき一票の多数決で決めた。

私が授業をしながら質問をしていくわけである。細かいことは忘れたが、各班は一時限に十点以上取ることをノルマにしたと思う。

生徒は手を挙げて答える前に、自分の持ち点をいう。私が「ハイ、二点」と確認してから生徒が答える。

私は生徒の答えを受けて、ポイントを確認しながら授業を先に進める。たまに生徒が持ち点をいい忘れたときは、班の点に加算されないルールにした。

そして、他班の生徒の答えへの反論や教師への質問は、内容が間違っていても点数は倍にした。そういうとき、私は「ハイ、三点↓六点」と確認してから発言させる。

ゲーム的な要素が強いし、班の点数が十点を超えているかどうかは班員の成績には一切関係させなかった。十点を超えるかどうかは彼らのプライドないし意欲の問題にすぎない。

私は能動的な学習というより授業を活発化させ、生徒たちの授業の参加を積極化させるためにやった。

その意味では、授業の展開は一見活発化し、生徒たちも授業に集中しているように見えた。教師が喋って主導する静かな授業よりは活き活きして見えたし、楽しそうだった。

では、生徒たちの学力は上がったかと問われるとそれほど確信はなかった。班授業をやめてしばらく時間が経つと、色々と考えること、反省することが多くなってくる。

授業内容は上っすべりしていて、生徒たちに必ずしも定着していなかったのではないかという疑問のほうが増えてきた。これがきっかけで勉強の根本は個人個人の内面の知的営みであると考えるようになった。

学力が身につくとはどういうことか

発言競争のほうに気を取られ、できる生徒もできない生徒も授業内容を自分のものにする、自分なりに内面化する時間（契機）があまりなかったのではないか。

というのは、これから少しむずかしいことをいうが、「知」の体系や真理や科学は、子どもの個性がすぐ納得するものではない。それは子どもの外部にある知識や規則や法則性や連関性である人類の歴史と営為が創り上げてきたものであるからだ。

そういうものはなかなか理解しがたい。そういう外部にある「知」の体系は、内面化され、子どもの頭脳や感性と共鳴しなければ当の学力に転化しない。

それが子どもに真に、つまり深いところで受け取られるためには、子ども独自（個性）の思考や構想力の中に、自分なりのやり方で転換されなければならない。

それがいわゆる「知」の内面化、ないしは深いところで受容される「知」ということになろう。

「知」は、言葉で外部に表示する（評論家・吉本隆明氏の言語論では「指示表出」という）ときは、外部のルールや法則性に従わなければならない。

その前に自己の「知」の構想力の中に、外部の「知」をしっかりと定着させる（吉本氏のいい方では、「自己表出」）必要がある。従って、真に学力を身につけることは、基本的にはその子どもの内面の「知」や感性のレベルの問題なのである。

つまり、塾や予備校で大切にされるという「速く、効率的に」答えを見つける方法と、学力を身につけることとは原理的に違う（もちろん、塾や予備校の優れた講師で塾や予備校の構造を超えることのできる人は居ると思うが）。

授業の活発さや生徒たちの集中は、必ずしも学力の定着、生徒の知的成長にはつながらない。生徒の内面の知的営みとつながらなければならない。

私の班授業は、教師と生徒、生徒と生徒の人間的つながりを強めたことは間違いないが、学力の向上につながったとはいえない。学力の向上とはその個人独自の「知」の運動によって達成される。

それは覚えたことをリピートすることではない。そこに吉本氏のいう「自己表出」の契機が介在していなければならない。学力の向上には、外部の「知」が自分のものとして独自に受け容れられるプロセスが欠かせない。

そして、子どもにはそれぞれ独自の受容の仕方がある。みんな同じではない。教師が同じことをいっても、AくんとBさんではニュアンスは違って受け取られるし、ことによると、まったく別のものとして受け取られる。個人レベルのみならずクラスレベルでも同様で、同じことを提示しても、クラスによって受け取り方が違う。

提示された「知」は、生徒の個々のそれぞれに異なる「知」の構想力の中に彼（彼女）独自のやり方で内面化されなければ、彼（彼女）の頭脳の表層を通過するだけで定着することはない。

学力は知識の集積ではなく、構想力とそれによって配置された知識である。教師も生徒も言葉で表現するとき、「表現してしまっているもの」（「指示表出」）とは異なる、ないしは誤差のある内面（「自己表出」）を抱え込んでいる。受け取る側も提示者の意図するものとは必ずしも一致しない内容を受け取っている。

これは、信号系で交流するのではなく、いかようにも意味の変容する言語でコミュニケートする人間の宿命である。

一方的な授業は教師のエゴである

私は、進学校であるK女子高校に転勤して班形式の授業をやめた。ほかの英語科の教師たちは、教師が一方的に訳出したり、文法を説明したりという授業をしているようであった。英語は受験科目なので、生徒たちは力を入れて勉強していた。

私は別にめずらしい方法ではないが、英文の訳出でも文法の説明でも必ず生徒を指名して答えさせてからポイントを解説した。指名は全員が対象になり、強制である。生徒それぞれの個性と英語をめぐってやりとりをし、それを全員にわかるようにまとめるわけである。

だが実はこの方法は、単純に見えて非常に時間がかかる。

教師が一方的に訳出したり、解説するほうが楽でいいし、時間も節約できる（進度が速い）。だが、私は性格的にどうしてもそれができなかった。

なぜなら一方的な授業は寂しいし、心許《こころもと》ないからだ。一方的な授業は教師自身が正しい、適切だと思うやり方をやっているだけで、その正しさや授業のペースの是非が点検されない（生徒はたいてい黙ってノートしている）。

生徒に語っているように見えて、自分のわかることを自分に語っているようなものである。このやり方で生徒の内面まで「知」を届かせることは、私にはできない。

だから、生徒に答えさせて、その生徒とやりとりをしながらポイントをまとめて全体に再提示する方法は絶対にやめられなかった。

ついでにいうと、生徒の個人個人と知的内容をめぐってやりとりをするのはそんなに簡単ではない。簡単にいかない要因のひとつは世代的、かつ教養的な差があるので言葉と感性を一致させるのが困難であるからだ。

もうひとつは、生徒が自ら表出した言葉（内容）の正しさにこだわるので、訂正するには細やかな神経が必要であるからだ。答える生徒の面子《メンツ》やプライドや自我がからんでくるし、個性の表示のありようがそれぞれに違うから、ほかのみんなにわかるポイントまでもっていくのに時間がかかるし、非常に神経を使う。

うっかりすると、教師と生徒の自我と自我との争いになってしまう。教師は生徒に人間として好かれる必要は必ずしもないが、教師として信用されていなければならない。

つまり、そこには一種の権威関係、上下関係が成立していなければならない。生徒もそういうことは一応承知しているが、自分の発言が訂正されたりすると、人格を否定されたような気分になってしまったりする。当然、生徒の個性や人格は多様であるからである。生徒が気分を壊すと修復はむずかしい。

黒板に書かせる授業をやめた

二〇〇一年に退職したのち、日本教育大学院大学の客員教授をしていたとき、栃木県高等学校教職員組合の教育研究集会の講演を頼まれて、宇都宮の教育会館に呼ばれて行った。組合のスタッフと講演前の雑談をしているとき、「U女子高校では、数学の問題を黒板で生徒に解かせることをやめた」という話が出た。

私はその話を聞いて、その真意がすぐに理解できた。生徒がみんなの前で苦心して数学の問題を解く。うまく解ければいいが、うまくいかないことが多いだろう。教師は問題点を指摘し、正しい答えの出し方と正しい答えを提示しなければならない。

当然のことだが、実際にはこの指摘が困難になったという。生徒が「アッ、そうか」とでもいって笑って納得してくれれば問題はない。

ところが、生徒は自分の解いた解答が間違っているとわかっても、自分の解答にこだわりたがる。一対一のやりとりではおおむね素直だが、みんなの前で黒板に書いて、問題点を指摘されると素直になれない。

意外かもしれないが、成績のいい生徒ほどそういう習性は強い。U女子高校では教師と生徒のトラブルが発生して授業の時間がなくなってしまうから、生徒に解かせないようになったという。

私もK女子高校での退職が近くなった頃、ちょうど同じような経験をしたのでよくわかった。

生徒は一生懸命やって何とか英作文を作ってくる。従来は、それを黒板に書かせて、解説を加えて授業を進めていた。

ところが、生徒は自分で書いた英作文にこだわっていろいろ反論（反発）するのである。そして、その内容は教師である私にはかろうじてわかる内容であっても、教室の生徒たちの興味・関心とは関係のないことがとても多い。

その生徒自身も中々納得しようとしないことについて長い時間をかけてやりとりをしていても、ほかの生徒の勉強にならないし、授業時間がなくなってしまう。

そのようなことがあって、生徒に口頭で答えさせることにした。私が耳で聞いて「ここはこうしたほうがいいかな」などといいながら、良質な英文に直して黒板に書いた。生徒も、口頭でいったことにはそれほどこだわらない。どちらがいいか悪いかわからないが、とにかく無駄な時間をとられることなくスムーズに展開できるようになった。

「知」の実態はつかめない

私がこの話を持ち出したのは、教師は生徒たちと授業内容をめぐって精神的（人間的）なやりとりをしていたことをいいたいからである。

それは個々の生徒とのやりとりであり、理解力の異なるさまざまなグループの生徒たちとのやりとりであり、生徒全体とのやりとりでもある。

こういうことは通常の一斉授業でも日々展開されている。単なる知識の授受ではない、なんとも表現しようのない人間的交流がサイン・コサインを教えていてもおこなわれている。ふつう教師は、生徒たちの理解や気分の流れをつかみながら、展開を変えたり、スピードをゆるめたり、密度を高めたりしているものである。

先に人間的交流という言葉を使ったが、だからといって、必ずしもひと同士のあたたかい気持ちのやりとりとは限らない。プラスでもマイナスでもある、あたたかくも冷たくもある自我と自我との交流が、言葉を通じてのコミュニケーションには必ずつきまとっている。

これは、「知」を教えるうえでチャンスでもあり危険でもある。なぜなら、教師には生徒の「知」の実態はつかめず、想像したり感じたりしているだけだからだ。だから、教師は自分が教授《おしえ》の確かな道を歩んでいるとは絶対にいえないはずだ。

Ⅲ．アクティブ・ラーニングは「精神」ととらえよ

「ゆとり」教育と同じ困難さ

アクティブ・ラーニングはとてもいい考えである。子ども（ひと）が「知」や生活習慣を身につけるうえで、必ず出会うことになる「社会化」と「個性化」の対立を、教育方法によって解消しようとしている。

能動的学習の「能動的」とは、生徒の一人ひとりが積極的に参加することである。積極的に参加することによって、自己の内側に閉じこもりがちな「個性」をオープンに開いていこうという意味合いが入っていよう。

そして「学習」とは、個の外部にある普遍的な「知」や真理や科学を受け容れて成長していくことである。

アクティブ・ラーニングはある意味で、近代社会にある個と集団、個と社会の対立や矛盾を、学習の過程（成長の過程）でなくしていくか、縮めていこうという意味合いを含んでいるかもしれない。

「ゆとり」教育にもこういう発想はあった。考えとしてはいい理論であり、正論であろう。

問題は、人間の「知」の受容のあり方（自然性）に合致するかどうかということである。深く考えればアクティブ・ラーニングは冒険的ないしは危険でもある。

「ゆとり」教育は全面的に実施できたとしても、人間の「知」の受容の自然性についての問題をクリアーできなかっただろう。単なる授業秩序の崩壊、学力低下に帰着した可能性は高い。

私には、アクティブ・ラーニングも授業が活動的、積極的なワンパターンを執《と》ることによって、「ゆとり」教育の困難さと同じ困難さがうまれる気がする。

「ゆとり」教育もアクティブ・ラーニングも伝統的な一斉授業を批判して、子どもの積極的（能動的）参加と、個性の多様性を生かすことを狙いとしている。「総合的な学習」も、探究したいテーマを同じくする生徒たちが集まって、研究を進めさせようとするものである。教師は課題ややり方を提示することはない。

内容を教師が措定しないことによって、生徒たちの個性の違い、興味や関心の異なる多様性が生かせると考えたわけである。

だが、根本的な「知」に対する向き合い方について顧《かえり》みれば、授業形態にかかわらず積極的にやりたい子は積極的に、消極的にやりたい子は消極的にやるだろう。中間的な子も自分に合ったやり方をしているだろう。

教師は役割上、生徒が積極性を持つことが望ましいと思ってはいるが、消極的でもそれなりにやってさえすれば叱ったりしない。

ということは、アクティブ・ラーニングは生徒の人間としての根源的な多様性を認めていないことにならないだろうか。アクティブ・ラーニングの推奨者は、授業や学習で能動的であるのは人間の本質であると決めつけているのであろう。一斉授業では生徒の個性、多様性が認められないからとアクティブ・ラーニングが推し進められる。

生徒が学習を迫られるのはやむをえないとして、日々能動性を迫られることになる。能動的でない生徒は経験上で五割以上居る。

早くわかる子も居れば、遅くわかる子も居る。積極的に学ぶ子も居れば、消極的に学ぶ子も居る。理解できる子も居れば、どうしても理解できない子も居る。勉強の好きな子も居れば、嫌いな子も居る。

そういう多様な生徒を一緒くたにして、「能動的学習」に追い込もうとする。それは人間の「知」の受容の自然性に沿うものであろうか。大いに疑問がある。

人間の本質との衝突

さらに、もう少し根源的な人間のあり方との適合の問題がある。

「能動的学習」には、近代的人間の属性である「社会化」と「個性化」との対立を解消する意図が含まれているとしよう。

そうなると、「社会化」と「個性化」との対立は解消されるものなのか、解消しようとしていいものなのか、という本質的な疑問が湧いてくる。

提唱者たちは意識していないだろうが、私には何やら個人の本来的なあり方や多様性を無視して、社会のあり方に個人の生き方を一致させようとする画一性の臭いがする。

確かに、私たちは人間として完全に自由な生き方を社会的に認められているわけではない。法やルールを守る近代的個人として生きることを求められている。

人間の近代的なあり方である社会的個人は、理性的、合理的で勤勉、かつ、法を守ることを条件として生きることが認められている。どのような人間のあり方も許されているわけではない。法を破ったりすれば、法に定められているあるべき近代人の姿に違背《いはい》したものとして罰せられる。つまり、リーズナブルマン（理性的、合理的なあるべき近代人の姿）を生きるように強制されている。

しかし、近代には社会学者の大澤真幸氏が指摘するように、公的領域と私的領域がある（『現代の現代性――何が終わり、何が始まったか』、岩波書店）。私的領域における内的個人としては自由である。

実際、内面においては平準化も規格化もされることのない内的な自己として、己の個性的なあり方で生きることができる。

これが近代人が「社会化」と「個性化」に分離する必然性であり、固まったひとつの安定した個人になってしまわない、自然権的な根拠になっている。

つまり、「社会化」と「個性化」がひとつに整序されてしまわないで、個人の中でいつでも対立（矛盾）を孕《はら》んでいることに、人間の自由があると考えられる。「社会化」と「個性化」の矛盾（対立）を畏《おそ》れたり、教育において無理矢理解消しようとする必要はないのである。

「森友学園」問題のおかしな弁明

「社会化」と「個性化」との対立は成長期の子どもにだけあるわけではなく、成長したおとなも同じである。

子どもよりは「社会化」のほうに重心が傾いているとも考えられるが、基本的には変化していない。完全に完成された人間などどこにも居ない。

教師もまた、子ども同様に「社会化」と「個性化」との矛盾を近代人の宿命として背負っている。教師は子どもたちに教える職業であるが、完全に「社会化」された人間になるわけではないし、ましてや、完全に「教師化」した人間になるわけではない。「教師そのものである教師」は居ない。実際に子どもに対面しているのは「教師（社会化）であるAさん（個性）」である。どんな教師でもこのありようから逃れられない。

教師は「教師である私」と「私である私」に引き裂かれている。この二つに引き裂かれていない教師は大した教師ではない。

「教師のちから」の内部には教師性の色合いはあるものの、個人と同じだけ多様で異なったAさん、Bさんが居る。能動的な教師も居れば消極的な教師も居る。前者が優れていて、後者が問題のある教師であるなどとはいえない。

大阪の国有地払い下げ問題で疑惑の出ている学校法人「森友学園」の小学校の名誉校長に安倍晋三首相の妻昭恵氏が就任していた問題で、首相は衆院予算委員会で〈妻から森友学園の先生の教育に対する熱意は素晴らしいという話を聞いている〉と弁明だか擁護だかしたが、まったくお笑い草である。

人間は「いっていること」より「やっていること」で判断されるべきである。また方角の狂った熱意満々の教師ほど、始末に負えないものはない。

首相の教育理解、教師評価のレベルがイデオロギー的であることがよくわかる。国粋主義的な教師は熱意があって優秀だと思っている。人間観が単純でトランプ並みである。

独自の授業が何より重要

いずれにしても、みんなが能動的、積極的なティーチングができるわけではないし、それが正しいともいえない。教師には、教師それぞれの個性に合った教え方があるはずである。

すべての教師が生徒を積極的に討議させたり、発表させて互いに学び合わせたり、結論を深いレベルでまとめ、それを生徒たちに学ばせることなど、どんなに努力してもできようはずがない。

子どものすべてが能動的学習に突入することはできないように、教師の多くも能力的、性格的にアクティブ・ラーニングを指導するうえでコントロールできるわけがない。

生徒同士で討議すること自体がむずかしいし、仮にグループ毎にまとまった意見が出されたとしても、教師はふつう整理しきれない。

一方的にまとめることはできるかもしれないが、グループ毎《ごと》に論議のレベルに差があったり、論議の方向性が違っていれば、教師が「正しい結論」にまとめることはできない。

とりわけ、授業展開と形式がパターン化されている教育方法に多くの教師は馴染《なじ》みにくいし、教育（授業）の自然性に合わないように思う。仮に、生徒のグループの意見がまとまっても、いいっぱなしで終わる。多様性が確認されるだけである。

クラス運営も授業も、教師一人ひとりの自由になるわけではない。「行政のちから」「民間のちから」「子どものちから」によって枠組みもやることも決まっている。教師が「正しい」と思っていることをやれるわけではない。

私は「教師のちから」の発揮の仕方としては、「やること」は決められていても、「方《やり》法《かた》」は教師個々人にまかせるべきだという考えである。

教師は教える主体にならなければならない。職員会議や学年会議で担任のやるべきことが決められるが、やり方は担任にまかせるべきである。授業もクラス運営も具体的には教師個人にまかせられるのが伝統でもある。方法は担任であるその人が独自に考案することが大事だと思う。

つまり、私はパターン化された教育方法は望ましくないと思う。私は生活指導運動（いわゆるリベラルな人たちがもっとも嫌悪する集団主義的方法である）の影響を受けたので、クラス運営は生活班を作ってやっていた。ほかの教師たちは生徒一人ひとりを相手にしていたが、実際は放っておくのと同じだった。

生活班は掃除の班でもあり、仕事の分担の単位であり、班長がつねに班員の面倒を見るようになっていた。

このやり方が一番良い方法だと思ったことはない。教師修業時代に班の重要性を実感し、クラスの一人ひとりとつながれる自信などなかったから、生活班を続けてきただけである（学習班をやめたことは先に書いた）。

担任は自分に合ったクラス運営の方法を考え出すべきであり、授業も独自の展開方法を創り出すべきだと思う。それが教師（担任）の生徒たちに対する誠意であり、生徒たちとつながれる根拠である。

教えるのが上手な教師とは、教科にかんして沢山知識がある人や、何でも説明・解説できる人ではなく、相手（生徒）が何をどれだけ知らないかを知っている人であり、その子にどう教えるのが適切かを感受できる人なのだと思う。

そういう力は方程式化されないものだ。だから、「これが効率的だ」と指導しようとする教育委員会主催のあらゆる研修会は役に立たないし、教師もほぼ全員嫌がっている。

教師が独自に創り上げるのはむずかしいことだが、教師の力量はそうやって形成されるしかない。

「うまくいかないのは教師のせい」のウソ

アクティブ・ラーニングは実現すれば画期的な方法といえるが、これは大学でもかなり優秀なレベルの学生たちに適用できるものであろう。

もしも小学校や中学校や高校で生徒と教師が対等に議論するようになったら、収拾がつかなくなること請け合いである。小学校・中学校・高校は、教える内容を提示する権限が教師にあることを前提にして成り立っているのだ。

教師になったからといってみんなが優れた指導者になるわけではないし、教師としてやっていく中で優秀になっていく人もめったに居ない。

教師もおとなのひとりであり、教育学を少し勉強したからといって、たくさんの子どもたちの知的レベルや人間的問題点を把握できるようになるわけではない。

教師は生徒よりも知識は多く所有しているが、知識があるという理由で指導する権威が子どもから認められるわけではない。

教師が権威を認められているのは、学校という社会システムに所属しているからであり、子どもがそこを通過しなければならないからである。個と個として向き合ったら、そこに指導性が発揮されるとは限らない。

繰り返しになるが、アクティブ・ラーニングも「ゆとり」教育と同じように、理屈（理論）は正しいが、現実の展開において、人間が教えること、人間が学ぶことの伝統的なあり方や、教師と生徒との人間的対面の不確実性をうまくクリアーできるかどうか危なっかしい。ひとはそれぞれ独自な個性、感性を持つからである。

ことによると、おとなと子どもは結局は相似形であるという旧《ふる》い考えを隠しているかもしれないし、教師と生徒の親和性を固く信じているのかもしれない。

私は「ゆとり」教育のときもその考え方自体に反対はしなかった。「行政のちから」と「教師（研究者）のちから」が共同して研究した方法であり、行政の筋も通っていたからでもある。

ただ、「ゆとり」教育はとてもいいものか、まったくダメなものかのどちらかだという言い方をしていた。理屈は整合していたが、伝統的な学校や教師や生徒の身体性（身のこなしや生活）や心理機制（学びに向かう姿勢）とかなり衝突していたからである。

推進者が、教師が優秀でないからうまくいかないのだとか、寺脇研氏が教師は根本的に体質を変えなければいけないといっていたのも気に食わなかった。教師を変える力が文科省にあると思っているのだ。

そして、試行（前倒し実施）に入っている教師たちからは、生徒にテーマ設定から主導権をとらせ、教師は口を出さないというのでは何が何だかわからないという不満や反発が強く出ていた。

議論ができない教師たち

アクティブ・ラーニングは、議論や討論を中心にした授業形態だという。

ところで、私は二〇〇一年まで三七年間高校教師をしており、同じ長さだけ職員会議という名称の教師の会議に参加してきた。

現在はどうなっているかわからないが、おそらく当時は現在より教職員組合の力が強く、職員会議は実質的に決定機関に近かった。近かったというのは、校長が性根をすえてノー（否）といったらどうなったかわからないからである。

そういう権限を実際に持っていた職員会議で、私は「議論」や「討論」が成立するのを見たことがない。「議論」らしきものはあっても、それは自分の意見を述べ、相手の意見を聞き、お互いに認識を深めながらより良い、より高い結論の一致を目指すようなものではなかった。

だいたい、相手のフィールドと自分のフィールドとがずれていることにさえ気づかないのがふつうであった。

自己や自分たちの仲間グループ（組合派と非組合派とか、実務派と適当派など）の利益を守るようなことしかいわなかった。意見のいい合いをして、どちらかが説得されたなどという場面も見たことがない。グループが固定されていて、票数はいつも変わらなかった。

相手の反論を受けて、さらにその論理を上まわるような説得力のある意見が出てくることもなく、同じレベルの自己主張が繰り返されて会議は回るのである。

小学校や中学校の職員会議では、昔から管理職や実力者のお話を拝聴するだけで、議論や採決はしていないと聞く。指示・伝達を聞くだけで会議は終了するという。

そういう教師たちがアクティブ・ラーニングを指導できるのだろうか。アクティブ・ラーニングは従来いわれてきた教師の指導とは違うものだという人が出てくるかもしれないが、公然とであれ陰然とであれ、教師の指導の働かない授業はありえない。

このような点を考慮すると、アクティブ・ラーニングは生徒たちがとにかく議論や討議をすることに目的があるわけではないように思える。結論や生徒が学ぶべき事柄は、発言力のあるグループによって決定されるとか、多数決で決められるようなものではないはずだ。

また、どんなに生徒の議論や意見交換が白熱しても、その中に真理や正しさが入っているとは限らない。当然、正しかるべき真理や普遍的なものに教師が議論を誘導していくプロセスがあるはずである。

これにはパターン化ないしは方程式化することのできない、秘術のごとき業《わざ》が必要であろう。つまり、教師は生徒の討論の司会者でもなく議長でもない。

やはり、審判者の役を果たさなければならず、しかも、生徒の真意を理解しつつ、その審判する内容はクラスや生徒や議論の外部に普遍的と認められた真実でなければならない。

そう考えると、アクティブ・ラーニングは教育方法ではなく精神として位置づけるべきもののように思える。

第二章

教師は「個性」を鍛えよ

I. すべての教師は自信過剰である

教師に「教育」は見えない

学校の内部に居て（主観）、学校を外部から眺める（客観）ことは至難の業である。教師も自分の教師としてのありようを、客観的に眺めることはほとんどできない。

そのものがわかるためには、そのものの外部に立たなければならない。だから、よく耳にする「自分のことは自分が一番知っている」は成り立たない。

自分のことは他人がかなり知っており、全部の「神」がすべてを知っている。「神」は時々人間に悪戯《いたずら》をして、洞察力とか想像力とかいったことばを与えるので、人間は自分を理解していると思い込んでいる。錯覚である。

私は一九七〇年代ぐらいから、教師に教育は見えないといってきた。教育は、教師という職業的存在の根拠となっているからである。大方の教師の思考は「教育は善」という観念によって創《つく》られ、自信の根拠にしている。

だから、これもまた教育の外部に完全に立っているわけではないが、学者・研究者は必要だと思う。優れた教師は、教育の内部に居ながら教育の外部からの視線を保有しなくてはならない。

生徒の立場に立てない

私たち日本人の多くがナショナリズムから逃れられないのは、国の外部に立てないからである。よく相手の立場に立って考えなくてはならないという。ほかの国の立場に立てば戦争や争いは起きないなどといわれる。

教師は生徒の立場に立って考えなければならないとよく忠告される。相手を理解するには相手の立場に立たなければならないことを、否定する人は居ないだろう。

だが、この常識というか〈正論〉はかなりインチキ臭い。逆説的にいえば、相手の立場に立つということは簡単だからである。

ひとは、すぐに相手の立場に立つことができる。相手の立場に立ったと思うことができる。自分が許容できる相手の立場に立つのである。主観が構築する相手の立場である。

それは、実際には「私」の推測（想像）する相手の考えや利益や状況であり、あくまでも主観の枠内にある。教師も、教師の主観にある生徒の気持ちはすぐに理解できる。

つまり、生徒の側に立ったつもりで「この生徒はこう考えているであろう」と推測することは、自己の主観を相手に反映させただけである。主観的に生徒の側に立っているだけで、相手の真意や真実に出会っていない。「教師としての自分」（私）を基準にして相手の気持ちを慮《おもんぱか》っているにすぎない。

私は生徒の立場に立てたことはない。一九八〇年代以前にも生徒のことはわからなかった。生徒たちが教師の「生徒はこうあるべきだ」に逆らわなかっただけなのである。八〇年代後半からさらに生徒の姿が見えなくなり、打つ手打つ手が失敗に終わり、ものすごく悔しい思いをし、自信とプライドを喪失した。

それから二〇年ほど経って『オレ様化する子どもたち』（中公新書ラクレ、二〇〇五年刊）に書いたように、生徒たちが教師の「贈与」を拒否し、教師と「商取引」（等価交換）をやりはじめたのだと位置づけた。それでやっと少し生徒の真意に近づき、生徒の立場がわかるようになったかなと思った次第だ。これはきっと、教師と生徒の関係の外部に立てるようになったからであろう。退職して四年ほど経っていた。

控え目な教師の意外な顔

もうひとつ、別のことだが私がとても意外に思ったことがあったのでつけ加えておく。

いまから二十数年前にある単行本を出したときに、当時関東のある県の高等学校教職員組合の青年部長をしていたX氏が、青年部の講演会に呼んでくださった。

それ以来年賀状のやりとりをしてきたのだが、二〇一五年の三月に定年退職をされ、挨拶状が来た。X氏は教職員組合の本部役員を十二年務められて（非専従で週の半分は高校に勤務しており、その内六年間は定時制高校にいたらしい）、そのあと、教頭を三年、校長を三年ずつ二校経験されて退職になったという。

私が驚いたのは、教職員組合の本部役員を管理職が務めるという、いわゆる御用組合の実態のことではない。X氏の挨拶状に〈定時制での六年間で出会った生徒との交流は教師として最高の宝であり、この経験が管理職として十二分に力を発揮できた原点でした〉と書いてあったことである。

もちろん、前段はちょっとオーバーだが、本人の主観のレベルだから文句をつける筋合いはない。後段の〈管理職として十二分に力を発揮できた〉はいいすぎだし、おかしい。本人にそんなことがわかるはずはない。「この経験が管理職のときも大いに役に立ちました」ぐらいが適当なところだと思う。

自ら〈十二分に力を発揮できた〉などと常識のある人は書かない。お会いしたとき、控え目ないい人だなという印象を私は持っていたので、二重にびっくりした次第である。やっぱり、教師はどうしても独善的なところがあるようだ。

つまり、独善的で自信過剰なのは、ふつうの教師の属性なのである。独善的で自信過剰でなかったら、何十人もの人間様を相手にしてえらそうに何事かを教えるなどという大それたことはできないはずだ。

本当に子どもの側に立ち、その真情が理解できたら、恐ろしくて子どもの前に立って「真理」や「科学」や「正義」などを教えるなどというあざといことができるわけがない。

独善的でも自信過剰でもない人は、教師をやろうなどと思わないことだ。なお、いうまでもないが教師の独善的とは独りよがりのことで、生徒のことを考えないことではない。生徒のことを考えてはいるのだが、客観性に欠けるということだ。

教師のプライド

学校を動かしている力は、文科省・教育委員会などの「行政のちから」だと考えている一般の人は多い。

しかし、「行政のちから」は「教師のちから」を通さなくては発揮できない。教師は身分的には行政の一部だが、頭や身体や知力や感性は教師のもの、つまり「教師のちから」である。

教師も子どもも「上」からの指示で動くでくの坊ではなく、独自の主体性があり、さらに個々人は自己中心性を所有している。それぞれの志向性とエネルギーを持っている。「行政のちから」がどう決めようと、スムーズに下まで降りていくことはほとんどありえない。スムーズに降りていくのは書類だけである。大方の教師は、教育行政の行政的部分の指示や命令には従うが、それが少しでも「教育」のレベルにからんでくると必ずしも従順には従わない。子どもにかんすることは、自分たちの専権事項だと思っている。教育行為の主体であるという自覚(自負)があるからである。

私は三七年間高校教師をやってきて、教師たちが身につけている「教育する者」としてのプライドや自負心の高さや独善性を必ずしも快く思っていないが、それでも「行政のちから」に唯々諾々《いいだくだく》と従うよりはずっと教育に役立っていると思う。錯覚でも、教師の自立性は大切である。

尊敬されない校長

下世話な話になるが、私が出会った高校教師のほぼ全員が、校長を好いていても尊敬してもいなかった。その点は、管理職志望の出世主義者も同じである。自分の校長の悪口や陰口を叩かない教師はほぼゼロだった。

これが私には若いときから不思議でならなかった。私は若いときは左翼だったから、文部省（当時）・教育委員会の手先のような存在である校長は、はなから好きになれなかった。

しかし、そういうイデオロギーに関係ない人も、当の校長よりずっと品性下劣に思える教師も、おしなべて校長を悪くいうのである。

校長にも多様な人が居る。いい人も変な人も、色々居る。たまには校長に好意を持つ人が居てもよかろうと思うのだが、中々そういう人は居ない。

それはきっと「行政のちから」が自らを中心として学校は回っていると考えているからであろう。言葉の端々にどうしても校長の本音が出てしまうのだ。そこに「教師のちから」が反発するのではないか。

行政用語を話す管理職

行政は国家権力の一部であり、議会を通じて国民の意思が反映されている。そしてまた、地方議会のコントロールも受けている。

管理職たちは、並の教師より自分が立場的にえらいということより、国民・住民の意思を代弁しているということによって、教師たちを総体的に管理・統制・指導する権限があると考えている。

ここがふつうの教師の納得できないところだ。教師には、学問は独立しているという観念がある。真理は多数決だと思っていない。政治に学問は統制できないと考えている。

管理職が立場上えらいというのなら、多くの教師はそれほど反発も反対もしないだろう。

だがそもそも管理職は、頭と言葉の構造が教師とは異なっている。法律、条例、教育委員会からの指示を最優先する。

学校をどうするか、生徒をどう育成していくか、教師たちの要望にどう応えるかは二の次である。管理職たちの頭は法制的に構成されており、教育言語でも生活言語でもない行政用語を話す。

私は教務主任を三年やり、管理職と一般教員の折り合いをつける役割もしたが、どうしても行政の文書が頭と心に入ってこなかった。とにかく、学校で生活する際の言葉の世界と行政文書の言葉の世界は、まったく違うものなのである。

あれだけ強固な行政文書の世界を生き伸びるためには、学校の現実とはかなり離れた世界に住んでいなければならない。だから、教務主任をやっているときは、管理職と教師の異なる世界が隔絶しないように、バランスを取ったわけである。

面白いことに、教師との言語や感覚の誤差を承知している管理職は、びっくりするほど教師たちとの関係を大切にする。とにかく、上司と部下ではない。他県はいざ知らず私の居た埼玉県では、校長たちはどんな教師にもとても丁寧に応対するのである。

日本の教師は従順ではない

私は人（特に教師）の好き嫌いが激しい人間なので、これはジョークだが、へりくだって平《ひら》（部下）の教師と口をきかなければならないなら、給料を三倍もらっても金輪際校長になんかなりたくないと思ったものである（もっとも、若いときから管理職になる気はまったくなかったが）。

教師にも松竹梅はある。知的能力の差はあるし、人間性の差もある。知的能力の差はあまり気にならないが、失礼を承知でいえば、人間性の差は気になる。下劣な人や無神経な人はあまり好きになれない。

とりわけ、そういう人たちの多くは自分のありように無自覚だから、余計目に付いてしまう。校長たちは、そういう欠点の多い教師とも丁寧語を使って喋る。まことに我慢強く見上げたものだが、それは「行政のちから」の謙虚さからではなく、「教師のちから」のご機嫌を取らないと現場がうまく回っていかないことを承知しているからではないかと思う。日本的教育現場の特徴であろう。

日本の教師は、あまり「お上《かみ》」に従順ではないのだ。まことに管理職は、苦労が多い。学校における管理職と教師、教師と教師、そして教師と生徒の関係などは、命令や指示では動かないところなのである。

II. 教師は何を教えているのか

真理を教えるフランスの教師

「教師のちから」には、自分が真理や科学に近いという思い上がりが必要である。誰かに動かされているという意識では、子どもに影響を与えることはできない。自分の実体を超えた思い上がりなくして、子どもに教えられるはずがない。

教師は真理につながる何ごとかを教えているが、真理を教えているわけではない。だいたい私には、真理を教えるというイメージがつかめない。真理は教えられるものではなく、さまざまな知識を構成することによって、三六〇度どこから眺めても「確かなもの」と認定されるものをいうのであろう。

人間や社会にかかわる真理は、どこまで行っても仮説にすぎない。私たちは、その一部や欠片《かけら》を微《かす》かに認識しているだけである。

社会学者・ピエール・ブルデューは教師と真理についてこう語る。


〈教員の大半は師ではない。彼らはよき公務員として授業や講義をするのである。彼らは、取得した知識を授《さず》けるが、彼らが説く真理を超えたところに、より高次の真理が君臨しているとは思いもよらないのである〉（『国家貴族Ⅰ』、藤原書店）

フランスは、キリスト教と教育（学校）が完全に分離しているので、教師たちは真理を自ら構築せねばならず、学校では真理（少なくとも真理へ向かう道としての哲学）を教えているという信念が徹底しているのであろう。日本の教師とは大分違うようだ。

そういう教師に対して語るとすれば、前半は妥当だと思う。教師は公教育の先生であり決して師ではないし、師を目指すべきものでもない。学校は良き市民を育てるところであり、真理ではなく近代社会や近代市民の建前を教えるところである。真理や科学を市民社会的に薄めたものを教えている。それが学校だ。

後半は、フランスと日本では教師の意識が違うようだ。フランスの教師と異なり、日本の公教育の教師たちは自分の授業が「真理を説いている」とは思っていない。日本の教師は「教育をしている」と思っている。それも「みんなでしている」と思っている。フランスの教師は「私が真理を説いている」と思っているのであろう。

だから、ブルデューは〈彼らが説く真理を超えたところに、より高次の真理が君臨しているとは思いもよらないのである〉とフランスの教師たちの思い違い（思い上がり）を窘《たしな》めている。

真理とは目指さなければならないものだが、到達できるものではないという諦念《ていねん》ないしは達観が必要だということか。

市民社会のルールを教えている

実際、教師は思い上がっていなければ教えられないが、謙虚でなければ実《じつ》を挙げることはできない。ここが教師のむずかしいところである。思い上がっているだけでも、謙虚なだけでもダメなのである。教師のやっていることは論理では、うまく説明できない。

ブルデューの言《げん》の〈彼らが説く真理〉が教師の思い上がりを示唆しており、それを超えたところに〈より高次の真理が君臨しているとは思いもよらない〉が謙虚さの必要を訴えているとすれば、私も賛成である。

だが、もし学者や研究者や哲学者が〈より高次の真理〉に対応しているのだと示唆しているのなら、それには賛成できない。

いずれにしても、日本の大方の教師は、真理を教えているとは思っていない。真理が市民社会に受容されたもの、そして、市民社会での生活の仕方やルールや規律を教えていると思っている。

彼らは、教師は市民社会の思想や考え方や生き方を提示するのが仕事であり、教科や生活を含めて市民社会をリプレゼント（代理）する存在だと考えていよう。従って、彼らは学校で教えることは普遍的ないしは中立的であるべきだと思っている。

その点が、彼らが「行政のちから」の指示や統制を嫌がるポイントである。行政が中立たりえないことを、経験的にもシステム的にも感受しているからである。

子どもの能力はテストで測れない

「行政のちから」は学校システムを管理しており、教育内容の決定（「指導要領」の策定）や教師の人事権を握っていることは確かである。

だが、だからといって、決定的な力を持っているとはいえない。子どもと対面しているのは生身の教師だからである。この力は侮れない。

子どもの本体はまことに捉えがたい。文書化できない捉えがたさがある。実践の世界はそういう捉えどころのない世界でもある。

また、「行政のちから」は「教師のちから」に膨大な量の報告書や自己査定書や指導計画などを提出させているが、「教師のちから」の独自性や教育力はけっして書類に還元できない異質な世界を構成している。従って、「行政のちから」の効果は上がらない。「行政のちから」はけっして「教師のちから」を理解し、把握し、意図どおりに動かすことはできない。

それは結局、人間が人間を相手にしている世界だからとしかいいようがない。人間というものは類としても個体としても依然として大きな謎なのである。

教師も子どもも不確定、不安定である。「教師はこれこれである存在である」、「子どもはしかじかの存在である」というテーゼをいくら作ろうと現実とはけっして適合しない。

教育は教師の個々が個性的におこない、その成果は子どもの個々それぞれに内面化されるものである。子どもはみんな同じ量や質の教育を受け取ることはない。

教師の働きかけも子どもの成長も、法則化できたり、数量化されたりするものではない。人間的成長や世界認識の多面化・深化は数値化できない。

だから、学力テストのように集団として数値化できる計量システムを出して成果を測るしかないのであろう。校長も個々の教師をそれぞれに扱うしかないのだ。パターン化された指導は意味がないことをどこかで知っているのであろう。

教育勅語の何が問題か

先に述べたように、人間とは不確定な存在である。「人間とは何か」ということは部分的には語れても、普遍的な真理として確定できない。「本当の教師」も「教師らしい教師」も「あるべき子どもの姿」も「子どもらしい子ども」も確定できない。その時代や社会の優勢的な考えに合わせて暫定的に語れるだけである。

六九ページに引用したように、ブルデューは〈彼ら（学校の教師）は、取得した知識を授けるが、彼らが説く真理を超えたところに、より高次の真理が君臨しているとは思いもよらないのである〉と述べ、〈高次の真理が君臨している〉ことを確信しているようだが、人間の生き方を説く聖書や仏典は一貫性も論理も通っておらず、事実関係が矛盾しているだけでなく、不自然、不合理なことが平然と書かれている。

仏典にかんしてはどうしてそうなるのか専門家である友人に聞いたら、「仏教には『正しい理屈・理念』に見合う普遍的理念はありません。……『我』そのものが実体のないもの（空《くう》）である以上、真実そのものが存在しないからです」と明解に教示され、これは納得した。

最近「教育勅語」の再評価やら、それを教材としてなら使っていいなどと「行政のちから」がかまびすしいが、あの人間像（臣民像）が望ましい人間のあり方（実体）として確定されれば、それを根拠に体制に有利なさまざまな「象徴的暴力」（文化、真理、理念）を行使できるからであろう。

世界の宗教の中で、管見《かんけん》では儒教の経典だけが論理的、合理的であり、「君子」という理想的人間像が設定してある。聖書、仏典の捉えどころのなさに比べてすこぶる明解である。論が一貫して立ちやすく、〈正論〉が構成されやすい。

従って、その〈正論〉から現実や世界を位置づけようとする。しかし、そんなことをしても社会や人間の複雑さに適応できないことはいうまでもない。人間や社会や世界は論理的でないからである。

日本を除く、東アジアの諸国が儒教に足を取られて、単純な人間観、社会観、国家観に封じ込められて右往左往している。また、明治維新の成就と日本の戦前の失敗は、主として儒教の朱子学に強い影響を受けたことに帰因している。

Ⅲ．教師が持つ能力、欠けている能力

同じ教科書で違う授業をしている

「教師のちから」は、子どもたちが社会に適応できるより良い人間になることを願っている。ここでの「社会」は教師たちが集団として望んでいる社会を指しているのではなく、さまざまな社会勢力間の争いと、それらの勢力と社会システムとの衝突で形づくられているものと考えられる。「教師のちから」が勝手に人間像を想定しても、現実に力を持たない。

もちろん、「教師のちから」は子どもたちの成績、学力、能力を向上させたいと思っているが、子どもの成績、学力、能力も単色のものではない。

現在まではペーパーテストに反映される学力を重視してきたが、数値化されない子どもたちの人間的な諸力の測定方法を何とか発見しようと、教育業界や受験産業は研究を進めている。

人間を総体として捉え、能力の多様性を重視するブルデューは、社会的な正義の観点

から〈要するに、他の点はすべて等しいとみなした上で、学校的基準で判定される成績だけしか考慮しない選別方法は、根本的に同等でない学生たちに同じ試験を受けさせ同じ基準で評価するという意味で、現実の正義には反しているのである〉（『遺産相続者たち―学生と文化』、藤原書店）と規定している。つまり、同等でないものを同じ基準で評価するのはおかしいといっているのである。

繰り返しになるが、子どもを教育するプロセスにおいて決定的な役割を果たすのは、やはり「教師のちから」といわざるをえない。教育は個々の教師によって営まれ、それぞれの教師はそれぞれ独自の考え方および方法を持っている。人間の顔と同じように似ている教師は居るが、同じ考え方や方法を持っている教師は居ない。

教育方法論という学問があるが、同じ考え方と方法を持つ教師が居ないということは、教育方法論なるものが学問ないしは科学になることを困難にする最大の原因である。

またブルデューのいっているように、「行政のちから」（ブルデューは「教育システム」と呼んでいる）が教師に使わせる教育手段（教科書、注釈書、要点集、授業計画など）は「教師のちから」を規制し、教育システムの正統を保障する統制手段と見なすことができる。しかし、「教師のちから」は手を縛られて、不自由であるわけではない。それでも教師は、同じ教科書を使ってそれぞれ違う授業をしている（正確には、してしまう）。子どもは同じ教科書を使いながら違った授業を受けている。

客観性の欠如

人間は共通の言語を使ってコミュニケーションをしているが、価値と見なしているものはそれぞれ異なっている。自然科学的な分野では己の想念は自然界の客観的な物のあり方によって正否が試されるので、物の客観性に影響されてコミュニケーションの誤差は少ない。

だが、人間の教育や成長にかかわる分野は一人ひとりの思想や観念が独自に構成されているので、誤差に誤差を積み重ねながら議論をしているのがふつうである。

五四ページで、議論や討議が成立し、お互いに学び合い変革され合いながら展開される職員会議を経験したことがないと述べた。

学界の場合は、先人の学問の成果を踏まえて論を展開することになっているので、いきなり独創的なものが登場することはないし、研究者の一人ひとりの考え方の誤差が積み重なっていくことはない。

それでも、同じ課題を論じていても議論がかみあって前進していくという例がほとんどない。一人ひとりの自己というかエゴというか、独自性がいかに強固で頑《かたく》なものであるかがよくわかる。

従って、先人の研究の成果が文書化されていないか、文書化されていたとしても現実の実践とはあまりにも誤差がありすぎる場合、教師が研究の成果に照らし合わせて個人の実践を客観化することが、いかに困難かは想像に余りある。

だがそれでも、「教師のちから」が「行政のちから」や「民間のちから」や「子どものちから」に押しつぶされることなく、真理や普遍的なものに近づいていくためには、やはり教育の原理を身につけていくことが必要であろう。そのためにはとりあえず、大学や研究所などのアカデミズムの成果を採り入れていかなければならない。

教育哲学者の下司《げし》晶氏は、『教育思想のポストモダン』（勁草書房）で、以下のように述べ、私もほぼ賛成である。

〈教員が免許更新講習や組合主導の研修ではなく、自らの力で学び、教育学者に仮託《かたく》することなく自らの見解や実践例を発表していくこと。それが筆者の理想である。そのためには逆説的に、教員にアカデミックな回路を組み込む必要が生じる〉

教師が知的主体となるためには、先人のアカデミックな成果を採り込む必要がある。すなわち、自らの見解をつねに相対化、客観化しうる能力が教師にも必要なのだ。

子どもが学ぶとき、わからないこと、理解できないこと、教師の人間性の幅に畏《おそ》れを抱かなければならないように、つねに真理や普遍的なものに接近していこうとする教師も、わからないこと、理解できないこと、人類の創り上げてきた人間性のエッセンスに自らの卑小さを引き比べて畏れを感受しなければならない。

「教師のちから」が機能する四条件

「教師のちから」が充分に機能するために必要となる条件をいくつか挙げておこう。

まず第一に、前項で述べたように自己の実践を客観化できるように研鑽《けんさん》に励まなければならない。下司晶氏のいうように、〈教員にアカデミックな回路を組み込〉み、〈自らの力で学び、教育学者に仮託することなく自らの見解や実践例を発表していくこと〉である。

第二には自前の研究会を作ることである。できれば、札幌のカリスマ教師、堀裕嗣《ほりひろつぐ》氏がやっているように、学年会などの学校組織をサークル化することが望ましい。

第三には、そういう研究会の中から、優秀な実践家かリーダーを産み出すことである。そのためには、教師の宿痾《しゅくあ》ともいえる低レベルな競争意識、みんな同じ能力を持つとする平等主義、嫉妬心から解き放たれならなければならない。「教師のちから」は、高い教育的志《こころざし》と人間性を所有すべきである。

第四には、校長の育成である。学校は、校長の協力を得なければ子どもの教育組織に組み替えることはできない。どんなに無能力で人間性に問題のある校長であっても、教師は本気で争ってはいけない。

学校は、政治闘争やイデオロギー闘争をやる場ではない。人間性に問題のある校長であっても、そういう人と同じ低いレベルのエゴで対立することは愚《ぐ》の骨頂である。

校長は学校にかかわるさまざまな決定権を持っている。「行政のちから」として持っている権限を無視するわけにはいかない。

校長の面子《メンツ》を立てつつ、校長を教育的指導者に育てていかなければならない。嫌な校長だから馬鹿にして喧嘩する。そういうことをしているようでは、教師自身が堕落していくし、「教師のちから」を自立させることは夢のまた夢である。

Ⅳ．教師には暴力性が必要である

「教師のちから」の欠陥

この章の最後に「教師のちから」に欠かせない暴力性について触れておきたい。ここでいう暴力性とは、一人ひとりの教師が自《おの》ずと持っている性質のことではない。教師が、教師であるがゆえに生まれるものである。

第三章で触れるが、非暴力の象徴ともされる「説得と納得」も暴力的である。教師と生徒の関係は多面的で微妙なところがあるが、できるだけ公的なつながりを維持する必要がある。

私は昔からこういうことをいうので、多くの読者は杓子定規《しゃくしじょうぎ》な強面《こわもて》の教師を想定するらしい。

一九九〇年代にノンフィクション・ライターの石村博子さんのインタビューを受けたとき、喫茶店のドアを開けて奥に座っていらした石村さんのところへ寄って行った。あいさつもしないうちに、彼女は「アラ、やさしい人じゃないですか」といきなり私の印象を述べた。

「生徒はみんなやさしいといいますよ」と私は応《こた》えた。そして、腹の中で石村さんの女房的肉眼とでも呼ぶべきだろうか、炯眼《けいがん》ぶりに畏れをなした。まだ一言も話していなかったからある。

その頃K女子高校に転勤し、「プロ教師の会」に拠《よ》って、『ザ・中学教師』三部作を別冊宝島で出したりして評判になり、校長のところには「暴力教師、諏訪哲二を辞めさせろ」という電話が何本もかかっていた。

だが、実は私の「教師のちから」の最大の欠陥は暴力性に欠けることなのである。その前の勤務校（三校目）であるF高校で生徒たちに大敗北を喫した最大の原因は、命を投げ出しても生徒たちと張り合い続ける膂力《りょりょく》が私に欠けていたせいである。

さらにその前の勤務校（二校目）の、県南最悪といわれたY高校では（私は三〇歳代）、不良生徒たちと張り合って何とか彼らを学校につなぎ止めて卒業させたのに、F高校ではそういう気力は出てこなかった。

Y高校でワルとどうつき合うかという決意と技術を身につけたつもりでいたのだが、Y高校の悪を自覚している不良たちと、F高校の無自覚に悪をやってしまう非行生たちでは対応や技術は違うものだったのである。一九八〇年代に低位の高校の分水嶺《ぶんすいれい》があった。

殴られることもいとわない覚悟

教師の一人ひとりが教師である限り身につけている暴力性については、ある程度論理化することができる。

だが、それとは別に小学校・中学校は知らないが、低位の高校では、うまく説明できないがある種の暴力性を体現する教師が必要であると私は経験上思っている。これはいまでも変わっていない。

一校目のK高校（男子校）は処分主義が徹底しており、生活指導部長が軍隊経験のある厳格な人だったので、秩序は安定していた。それに、体育教師はみんな恐かった。

二校目のY高校は生徒はかなり悪かったが、応援団の顧問をしているSさんと、サッカー部の顧問をしているCさんの二人の教師が睨《にら》みをきかせていたので、民主的で文化的な気質の教師たちも何とか授業をやっていられた。

この二人の暴力性は、生徒を殴ったりするのではなく、生徒に殴られることもいとわずに生徒の前に立ちはだかる覚悟をしているという暴力性であった。私みたいな戦後育ちの軟弱な教師とは質が違っていた。

ほかの教師たちはこの二人のおかげで教師面《づら》できていることに気づきさえしていなかった。

私はY高校に九年いたが、最後の二年はSさんもCさんも転勤してしまったあとで、自分の学年を持ちながら（学生主任と担任を兼任）生活指導部もコントロールせざるをえない状態で本当にきつかった。

最大限がんばったが、私にはSさんやCさんのように生徒と刺し違える覚悟は持てない、つまり、本質的に暴力的になりえないことがよくわかった。

三校目のF高校に転勤したときは四〇歳に近づいていた。新設の高校で学校秩序は安定していなかった。若い教師が圧倒的に多かった。最初の一年目は体育の教師に柔道担当の若干ファナチックな人が居たので、生徒たちは何となく表面上はおとなしくしていた。

ところが、次の年この暴力的な教師が転勤してしまった。生徒たちを抑えていた重しが無くなってしまったのである。

誰かが担わなければいけない暴力性が私の肩に乗ってしまった。それでも前半は、校長が人格高潔な人で生徒たちに重しをかける必要性を理解していたので何とか乗り切れた。私も生活指導部を担いながら学年主任（担任も兼務）もやり、伸び伸びした学年を創ることができた。生徒たちは勉強はあまりできなかったが、自主的に行事などをやりきり、仲のいい学年だった。

ところが、近隣に新設の私立高校が五つほど誕生し、受験戦略や厳しい生徒指導でどんどん評判を上げていった。向こうの偏差値が上がっていくので、中堅の下に位置していたF高校の偏差値が急激に低下していった。

一九八〇年代の前半になってからである。日本社会の消費社会化による社会構造と意識の変化、家庭の階層差による教育力の低下などがストレートに低位の高校を襲ってきたのである。

生徒に好かれようとしてはいけない

若い教師たちは、生徒が大変になればなるほど生徒に阿《おもね》るようになる。

F高校時代、新任の教師の生徒への指示がどうもあいまいではっきりしないので一言注意したら、彼はこう私にいった。

「誰だって生徒に嫌われたくないでしょう」

教師のほうから「商取引」をやる時代に入っていたのである。

私の「教師のちから」には、生徒に好かれようという欲望はない。偶然好かれてしまうこともあるが、教師の筋や倫理性を押し通すほうが大切である。

好かれようと思うのは「教師のちから」の堕落である。

低位の高校には全体の秩序を維持するために、具体的なキャラクターとしての暴力的教師が必要なのである。

こういう議論は非(反)教育的な暴言のように聞こえるかもしれないが、そういう人は教師と生徒のリアリティを知らないか、感受したことのない人たちだと思う。

誤解はないと思うが、私は象徴的な暴力的教師のことを語っているのであって、具体的な体罰教師のことをいっているのではない。ただ、往々にしてこの二つは重なることが多いのが悩ましいところだが。

第三章

学校教育を揺るがすちから

Ⅰ．「学力第一主義」が危ない

加速する偏差値信仰

「ゆとり」教育の挫折以来、教育というとひたすら学力をつけるという考えが強まっている。それも人間形成というよりは、わが子の成績や受験を重視する傾向が一般的である。

『社会学講義』（ちくま新書）で野田潤氏は〈特に子育てについての研究を見ると、近年の家族においては子ども中心主義の傾向が強まっているとする見方が多い〉と述べている。

子どもは自分の好きにしていいという、所有意識の高まりであろう。わが子の学力向上だけが期待され、子ども・若者たちのまっとうな人間的成長や知的成熟を考える世論は片隅に追いやられている。

教育がみんなの目に見える、お金で換算される「商取引」のようなものになってしまった。良い学校は偏差値の高い、進学率の高い学校であることをみんな疑わない。

だが私は、学力向上は教育のすべてではないと考える。それは子どもの大きな人間的成長の部分を成すものといいたい。自らの人生に誇りを持ってまっとうに生きることのほうが大切だ。懸念しているのはその基準がはっきりしなくなってしまったことだ。「行政のちから」や「民間のちから」は成績や受験を教育の中心に置いているが、「教師のちから」は必ずしもそうは考えていない。人格形成、人間的成長が教育の普遍的目標である。最近の世情、あるいは世界的なポピュリズムの流行を目にすると余計心配になる。人間が知的にも徳育的にも成長すべきであるのは、人類普遍の使命ではなかろうか。

まえがきで述べたように、子どもたちの教育は「行政のちから」を中心とし、「民間のちから」「教師のちから」「子どものちから」が鬩《せめ》ぎ合い、かつ、複合し合って進んでいる。現在は経済的利益を基盤とする「民間のちから」が支配的であり、「行政のちから」さえそれに追随している。

だが、教育から自己利益だけを引き出す考えは、結局は本人の人生の利益にもならない。心は空虚なはずだ。私たちには他者の承認が必要だ。

人間の徳性や精神性を経済で溶かしてしまう傾向はあまり感心できない。私たちの「内的な自己」も世界や社会の役に立たなくては本当の満足には到達しないのではなかろうか。

子どもを東大に合格させた親の「幸運」

〈3歳までに1万冊の絵本を読み聞かせ〉〈習い事は、1歳から公文に通い、3歳からバイオリン。小学4年から中学受験の浜学園（灘《なだ》中・高の予備校的塾）に（わが子）4人とも通わせ〉、三男一女の三人の男の子は全員、灘中・高から東大の理Ⅲ（医学系）に合格させたという〈スーパー親〉（母親）の記事が『AERA』（二〇一五年六月八日号）に載っていた（のちに娘さんも理Ⅲに入ったそうである）。

感嘆、羨望《せんぼう》のためいきをつく親御さんも多いと思われるが、元中学教師でシニア世代のわが糟糠《こうそう》の妻に、その話をしたら、言下に「子どもたちが可哀そうよ」と切って捨てた。「子どもを思う親の愛」を振り回してわが子を追い込んだり、ねじ曲げたりした親の姿を嫌になるほど見てきたからであろう。これは偶々《たまたま》「うまく」いったのだ。

また、子どもに「自分で選ぶ」余地を与えない母親の独善ぶりと、「子どものため」といいながら、実は八割ぐらいは己の虚栄心のためだったのではないかという、元教師・元母親の経験からくる屈折した見方がそういわせたのだろう。

私はといえば、この〈スーパー親〉の子どもを思うとおりに育てた執念に啞然《あぜん》とし、三人の男の子がそろって東大理Ⅲに入ったという「幸運」に驚かされたが、運が良かったんだねとそのラッキーさに感嘆するしかなかった。子どもたちは嫌がらなかったようだ。医師に適性があるといいが。

これと同じようなことをやろうとして、子どもの能力や個性が合わず、散々な失敗をする家庭は少なからずある。

いずれにしても、子どもたちが能力、感性ともに母親似だったのが何よりも「幸運」だったといわざるをえない。このような〈スーパー親〉がいても、子どもの学力が伸びていかなかったらどうしようもないからである。子どもの地力《じりき》がなければ空振りに終わる。

すべての親は独善的である

ところで、私がカミさんほど興奮しなかったのは、親は必ず独善的であり、虚栄心は誰にだってあると思っているからである。

ちなみに、わが家は教師の共稼ぎで男の子が二人いたが、小さい頃から「勉強しなさい」といったことはないし、高校、大学を選ぶときも「どこへ入りなさい」「何になりなさい」などという指示的なことは一度もいっていない。

ただ、明示しなかっただけで、話し合っているときにそれとなく「方向づけ」のようなことはしていたと思う。

もちろん、子どもたちはすべて自分で選んだのである。ある種の「方向づけ」のようなことは子どもに気づかれないように小さいときからそれこそ「独善的」に仕組んでいたと思う。

そしてまた、子どもが現役中には塾や予備校へ行かずに（確か、高三の夏休みは行った）、西の某有力国立大学の法学部に合格したときは、職場の同僚にも祝福され、大いに虚栄心が満足したことは否定できない。子どもに能力があったのである。

どんな親も独善的であり、問題は子どもがそれを押しつけられたと思うか思わないかである。もちろん、押しつけられたとわかっても我慢できる子はたくさんいるから、必ずトラブルが起こるともいえない。

要するに、子どものほうの能力、個性、幅、我慢強さにかかっている。親がわが子に対して「客観的」で「正しい」ことはほとんど望めないからである。

これは教師にもいえることで、ほとんどの教師は（生徒に対して）独善的であり、さらにいえば少なからず自己過信的である。教師はほとんどの場合、自己の客観的ありようを同僚の目から眺めることもできないし、ましてや、当の生徒の側から眺めることには思いもよらない。自己中心的で自己過信的である。学校が大混乱に陥《おちい》らないのは生徒の質が良いからである。

サラリーマン化する教師たち

近代は経済の時代である。「民間のちから」や「子どものちから」が現実の社会の基本論理である「商取引」（等価交換）を展開するようになって、「行政のちから」や「教師のちから」は確かに後退しつつある。

この二つは「民間のちから」や「子どものちから」と均衡関係にないからである。しかし、この学校を動かす四つのちからは必ずしも敵対しているわけではない。

たとえば、「行政のちから」と「教師のちから」ではいうまでもなく「行政のちから」が優位にあるが、お互いに補完し合っているところは多い。

いじめ問題の対処に失敗してジャーナリズムから攻撃を受けているときは協力し合わないといけない。ただ、「行政のちから」と「教師のちから」とでは、決定的に違う点がある。

それは、「行政のちから」が住民へのサービス機関（税金を払う見返りにサービスを与える）と化しているのに対して、「教師のちから」はどうしても共同体的な要素や商取引ではない「贈与」の要素を保持しなければならない点である。

つまり、「教師のちから」には受益者が払った以上の、しかも、受益者が望まないかもしれないもの（知力、倫理、体育能力、生活全般の能力など）を贈与する特質がある。

教育は「商取引」（等価交換）だけでは説明できない。人間独特の知的・身体的陶冶《とうや》性（人間の性質が教育によって変えられる可能性）がかかわっている。

正直いって、教育行政にのし上がった、つまり校長になって現場に戻ってくる教師たちは、「教師のちから」の倫理性を喪《うしな》ってサラリーマン化する。大過なくすごして少しでもランクの高い学校に転勤したがる（失礼ながら、私の知っている限り、そういう人物が教育委員会に入りたがる）。

彼らはかつて持っていた「教師のちから」を喪い、公共性も危うくなった「行政のちから」を利用して出世しようとする。

親や地域住民から教育要求が出てくるとすぐに畏《おそ》れ入ってしまう。学校や教師に対するクレームだと電話一本で恐懼《きょうく》して、すぐに当該の校長にトラブルにしないようにという脅しの電話を入れる。

生徒とのトラブル

これは私がK女子高校で教務主任をしていたときだから、二〇年ほど前のことである。全県の高校の教務主任会の終了のあいさつのとき、県教委の管理主事がこういった。

「先生がた、どうか成績が悪くって留年しそうな生徒が居ましたら、母親だけでなく父親にもその旨《むね》をお伝え下さい」

それだけである。補足説明はなかった。要するに、ある学校で留年しそうな生徒が居て母親には事態を伝えていたが、父親には母親から伝わると思って特別連絡をしなかったらしい。片方の親に伝えれば、両方の親に伝えたことと同じであるのは学校の習慣である。

ところが、これがトラブルになり、訴訟になったかどうかは聞きもらしたが、とにかく父親が「私は知らされていない」と居直って進級させざるをえなくなったらしい。

これは軽い例だが、教師たちからよく聞いたのは、指導上の生徒とのトラブルのさい、管理職は絶対といっていいほど教師の側に立たないということである。

「教師のちから」が説得的な力だけで解決できれば誰も苦労しない。

II．教師と子どもは対等なのか

尾木ママグループのおかしな主張

二五年ほど前になるが、私たちが「プロ教師の会」（埼玉教育塾）として『ザ・中学教師』シリーズなどで学校現場の実情を問題提起しはじめた頃、いま「尾木ママ」として名高い教育評論家・尾木直樹氏などの中学教師グループと深夜テレビでディスカッションしたことがあった。

そのとき、尾木氏の仲間が教師と生徒の関係を「説得と納得」という語呂合わせで表現していた。教育に強制はあってはならず、すべてお話し合いで解決できるというのだ。教師は考えを押しつけるのではなく説得し、生徒はそれに納得して従う。だから、そこに上下関係や強制はないといいたいらしい。人間と人間のやさしい理性的な関係だという。

ここでまた少々むずかしい分析をする。

「説得と納得」は、リベラルで合理的な関係のように聞こえる。文字どおり対等な「商取引」（等価交換）に見える。説得と納得は等価だからスムーズに交換（売り買い）され、そこに強制性はないということのようだ。

これは、教師と生徒を対称関係ないしは相似形と見なす考えである。昔よくあった「オレについて来い」と同じ構造である。この認識には大きな問題がある。

対称関係、相似形という教育関係論は、教師と生徒が同質のものであるから生徒は教師のいうことに素直に従うはずだという隠された前提がある。生徒が「納得しない」可能性をまったく想定していない。いや、納得すべきだという確信を隠し持っている、というべきだろうか。

だが私は、生徒は「教師のちから」に対しても納得しない権利があると思っている。生徒は、教師と対等な別の人格だからである。

実は、対称的とか相似的だとかいうイメージは、生徒の反発や反抗を許さない強く抑圧的な関係論なのである。なぜなら、教育の必要性はお互いが対称的、相似的でないことから発生するからである。これは個体のレベルでも、社会階層のレベルでもそうである。

教育と社会的階層

社会階層と教育の関連性について補足すると、私たちには極端に聞こえるが、フランスの社会学者ピエール・ブルデューは社会階層と教育との適合力の違いにこだわって、〈農民や生産労働者、事務労働者や小商人の子弟にとって、学校文化の獲得とは異文化の受容なのである〉（『遺産相続者たち—学生と文化』、藤原書店）、つまり社会的に上層の階層の子弟のほうが学校文化に馴染みやすいと述べている。

こういう考え方は日本では常識的ではないが、社会学の世界では大分前から常識だと苅谷《かりや》剛彦《たけひこ》氏（オックスフォード大学教授）も述べている。

一方で、最近は日本でも収入格差と学力格差につながりがあることが語られるようになっている。

ブルデューはまた〈学生の敵対者であり共犯者でもある教師たち〉（同）とまで言い切っている。

詳論はしないが、私も一九九九年に『教師と生徒は〈敵〉である』（洋泉社）という本を出し（なお、ブルデューはまったく読んでいなかった）、ある教育学者から「教師としてとんでもない奴だ」といった内容の非難を受けている。

「説得と納得」は教育の堕落である

ここで改めて、尾木氏の仲間が表現した「説得と納得」を考えてみよう。

彼らは教育技術（方法）として「説得と納得」があるといったのではない。そうであるなら私も問題にする気はない。

彼らは教師と生徒の関係の基本として、「説得と納得」というあり方が正しいといったのである。先の教育関係論に基づけば、生徒は教師につき従うべきであるということである。

彼らが、隠された強制性についてはどう考えているのか疑問をもった私は、番組内で「じゃあ、その教師の説得の権限はどこから来るものなのですか（何に由来しているのか）」と尋ねた。だが、質問がむずかしかったためか、さすがの尾木氏も何にもいってくれなかった。

彼らは、生徒が同意しなくても説得は開始しうるし、生徒は説得である限り、納得しないはずはないと考えていたのであろう。

説得する権限は、教師が生徒からもらったものではない。教師があらかじめ保有しているものと考えるしかない。

つまり、教師は生徒の同意に先立つ権限を持っていることになる。説得も教師の上位性に由来するのである。彼らがイメージしているような生徒にやさしいものではないのだ。

彼らも、当時中学教師を必死にやっていた。「教師のちから」の内部に居るしかない。従って、彼らの教育技法も権力的なのである。「教師のちから」には権力性が内在している。

ただ、彼らにはそれが見えないか、見たくないかのどちらかである。「教師のちから」が生徒を思ったとおりに動かしたり、さらには思ったような人間（社会的な個人）にしようと欲望することは避けられない。

しかし、生徒を「そうしようとすること」と、「当然そうなるもの」と考えることには決定的な違いがある。「教師のちから」は「そうしようとする」が、「そうならないこと」も想定（許容）していなければならない。それが子どもという他者のあり方を大事にする（多様性を尊重する）態度であろう。そうでない「説得と納得」は一方的、一面的、非人間的なのだ。

つまり、「説得と納得」は教育の堕落である。

私は生徒を説得しようと思ったことはない。「私の考えはこうである」と述べるだけである。生徒が非行を犯した場合でも、学校側として「こう位置づける」と提示するだけであった。

生徒が同意してくれればそれにこしたことはないが、納得（生徒の内面の支配）を前提とするのではない。納得しなくとも指導処置（処分）をおこなうことは何回かあった。「説得と納得」は、教師が方針に掲げる限りどうしても抑圧的になる。教師に同調するまで説得が続くことになるから、近頃いうパワハラの可能性も出てくる。

さもなければ、生徒が買うもの（受け容れるもの、納得できるもの）しか提示できなくなり、教育要求のバーゲン（安売り）になってしまう（もっとも、いまバーゲンしないで教師をやることはできなくなっているが）。

子どもに値踏みされている

私は「スーパーティーチャー」や「パーフェクトティーチャー」は居ないが、「カリスマ教師」や「自己過信ティーチャー」は居ると思っている（大学教授はまるで質が違うと思うが）。

たとえば、先述した尾木直樹氏はもう教育現場（高校・中学）を離れて二十数年経つと思われるが、まだ「自己過信ティーチャー」を演じている。

尾木氏が教育評論をやるのはいいが、まるで現場の教師のように、子ども（生徒）とのやりとりを自信を持ってあれこれ語るのは良くない。子どもとのやりとりは評論ではない。

尾木氏は『週刊文春』（二〇一五年三月五日号）「阿川佐和子のこの人に会いたい」に呼ばれてオネエ言葉であれこれ話し、後記に当たる「一筆御礼」で〈そんな柔らかい語り口で不良生徒を叱ったところでナメられるのではないかと心配になりますが、「そんなことないの。最初に子供の心に共感しておけば、そのあとビシッと叱ってもちゃんと聞いてくれるのよぉ」〉と色っぽく語ったと書かれている。

もう尾木氏はとうの昔に中学教師ではなくなっているし、子ども（生徒）とのやりとりを自慢げに語っても、現実にうまくいくかどうかはわからない。もう証明できないのだから、いま「自己過信ティーチャー」を演じるのは明らかに反則である。

〈最初に子供の心に共感しておけば〉も意味不明だ。子どもはそんなに簡単に教師に「共感」させることはないし、だいたい、その子が教師の「共感」を本当のことと受け取っているかどうかはわからない。教師が勝手にそう思い込んでいるだけである。

私も何度もそういうミスを犯した。尾木氏は、子どもを教師に操作できる対象のように考えているのではないか。あるいは、自分のような完璧な教師に不可能はないとでも思い上がっているのか。

いま教師は「ふつう」であり続けることが困難な時代であり、子ども（生徒）に対する教師としてのありようは、子ども（生徒）たちのそれぞれによってそれぞれに値踏みされている。こちらの真情は必ずしも伝わらない。子ども（生徒）が教師のありようを決めている。

Ⅲ・学校は中立ゆえに揺れ動く

教師の査定で教育の質は上がるか

近代はやはり、「経済的な人間」が土台になっている。工業生産や企業の運営の仕方をモデルにせざるをえない。

「行政のちから」が教育改革の目玉のひとつとしているイノベーション（改革、改良）は、学校の企業化ということである。近年になって、教員の文書仕事は三倍にも五倍にもなったといわれている。

膨大な超過勤務を教師に強いているが、そのおかげで学校の教育力が向上したという話は聞かない。特に、教師の指導力や実務力を査定するようになったことへの評判は悪い。教育委員会と校長が教師をA、B、Cなどで査定し、本人にも自己査定させて校長が指導する方式が採られているらしい。

教師の力を査定するのだから、校長はかなりの指導力や実務能力や観察能力を持っているはずだという議論はやめておこう。行政の建前上はそうなっているが、現実とは違う。

実際問題、平《ひら》の教師よりも優れた教育力や教養や知性を持っている管理職はあまり居ない。平均より少し上程度か。私が現役のときでも管理職試験を受けるのは中位の人たちであった。あるいは中には、生徒と生身でつき合うのが大変だから、管理職になりたいという人も居る。真面目に仕事をやっている人たちは、忙しくて試験勉強をしているひまがない。

だから、管理職による査定が、優れた指導力や観察力に基づくはずがないのである。

そして、教師たちは何よりも、管理職による査定も含め、「行政のちから」が社会の中で優勢な思想・文化・言語・習俗等を管理・統制・指導の根拠にしていることに強く反発している。

それはあくまでも社会の経済的・政治的な力関係にすぎないからである。ブルデューはそのことを〈およそ教育的働きかけは、（支配的階級の）恣意的な力による文化的恣意の押しつけとして、客観的には、ひとつの象徴的暴力をなすものである〉(『再生産』、藤原書店)と断定している。

私は、この規定は象徴的な表現として間違ってはいないが、現実の学校の動きを表現するには、イデオロギー色が強すぎると思う。

これでは、学校が「行政のちから」に一元的に支配されていると読めてしまう。私の考えはそうではなく、「行政のちから」を中心として、「民間のちから」「教師のちから」そして「子どものちから」の複合で動いていると思っている。

学校の「中立性」

フランスの学校は宗教性を強く排除しているので、「中立性」ということが重要らしい。ブルデューはしつこく〈学校の中立性は、偽りの中立性です〉(『介入I』、藤原書店)といっている。

これはおそらく、ブルデューの信ずる絶対的な真理から見て、中立に値《あたい》しないと述べているのであろう。

確かに、日本でも学校における「行政のちから」が政治権力の影響を受けざるをえないために、中立ないしは普遍を掲げており、自分たちもそれを本気で信じている気配がある。

ブルデューの〈学校の中立性は、偽りの中立性です〉にコメントすれば、仮に「あるべき学校の本当の姿（ありよう）」が想定されるとすればそのとおりだが（私の考えではいつでも社会勢力の力関係に影響されざるをえない）、私は、学校が本当に中立だから社会的に優勢なものをリプレゼント（代理、代表）することになるのだと思う。

つまり、学校は中立を装っている（〈偽りの中立性〉）のではなく、もともと中立なるがゆえに、社会的に優勢な思想や社会的に必要な能力（学力）というものが浸透してくると考えられる。

学校は中立であるからこそ、優勢な社会システム、経済システム、生活様式、常識などを支持し、それに見合う個人を形成するようになってきたのであろう。

学校につきまとう矛盾

近代の子どもは、みんな学校へ行く。子どもは、学校で学ぶため、遊ぶため、友だちに会うためにも行っているが、学校の使命は、子どもたちに社会での生き方を教えることにある。

ひとは「一人前のおとなの力」と、「自分が自分であることの確信」がなければ生きることはむずかしい。

つまり、「平準的な面」と「その人独特の面」が近代人には必要である。別のいい方をすれば、近代人は平準性（一般的なひとのあり方）と個性（私自身）とに引き裂かれている。

子どもの教育は家庭から始まるが、学校は子どもを成長させる過程で平準性（社会性）と個性とに引き裂くところである。

近代人は必然的に二面性を持っている。まるい、一貫して安定した個人ではなく、角ばって衝突し合う平準性（社会性）と個性を抱え込んでいる。近代社会は公共空間と私的空間の二つの層から成り立っているからである。

社会システムの要請を受けて、学校は一見矛盾して見える「社会化」（子どもに社会への適応力を身につけさせること）と、「個性化」（子どもそれぞれの独自の自己に沿って生きること）とを、同時に推し進めている。

学校は効率よく知識を身につけさせるといったような単純なところではない。

学者・研究者たちは論理の一貫性が必要なので、学校は子どもが個性を伸ばして発達する場所であると位置づける（個性化）が、それは同時に未熟な子どもを矯正して一人前にする（社会化）ことでもあると一元的に考えている人が多い。

しかし、子どもは「子ども一般」として存在するのではなく、それぞれ異なった個として生きている。教育でも個のあり方を無視するわけにはいかない。

だから私は、その真実をジョークめかして、「子どもに合わせなければ教育はできない。子どもに合わせると教育でなくなってしまう」という箴言《しんげん》を作った。教えることはそれくらいむずかしい。

第四章

教師はいかにして権威を失ったか

Ⅰ．学校のセンセーはえらい――農業社会的近代

GHQの支配

本章では、戦後から現代にかけて「行政のちから」「教師のちから」「子どものちから」「民間のちから」の力関係がどのような変遷をたどったかを見ていく。

戦後の学校の変化を大きく区切ってみると、昭和二〇（一九四五）年から昭和三五（一九六〇）年までが農業社会的近代、昭和三五（一九六〇）年から昭和五〇（一九七五）年までが産業社会的近代、それ以降が消費社会的近代と位置づけられよう。

これは学校が変化したのではなく、日本の社会構造が変化し、その結果、行政や物質生活や精神生活、家庭や地域が変化し、それが学校に影響を及ぼしたものである。

明治から昭和二〇（一九四五）年までは、学校はほぼ「行政のちから」によって動かされていただろう。大学にはわずかに「学の独立」（学問の中立性）があったらしいが、真理や科学や普遍性を「行政のちから」に気をつかわないで追求することはできなかった。

普通教育の「教師のちから」も学問にかかわっているというよりは、臣民育成の官吏《かんり》のような性格が強かったろう（もちろん、一部では自由主義教育や綴《つづ》り方教育などの試みはされていたが）。

昭和二〇年代に小学生であった私の見聞では、親や地域のおとなたちの、学校や教師への対応は戦前のあり方を強く残していた。

私を含む子どもたちはその影響を受けて、学校のセンセーはとってもえらい存在だと信じ込んでいた。農業社会的近代の特徴である。

昭和二〇（一九四五）年から二五（一九五〇）年ぐらいまでは日本の旧《ふる》い「行政のちから」は権力を持たず、ＧＨＱ（連合国軍最高司令官総司令部、トップはマッカーサー元帥）が日本を支配していた。ＧＨＱが学校にとって「行政のちから」であった。「教師のちから」は戦前からの保守勢力を打倒して民主化を進めようとし、ＧＨＱの「行政のちから」とつながっていた。

しかし、それもソ連がヨーロッパに「鉄のカーテン」と呼ばれる閉鎖体制を敷き、昭和二四（一九四九）年に中華人民共和国が成立し、昭和二五（一九五〇）年に朝鮮戦争が勃発して、冷戦体制（共産主義国と自由主義国の対立）が成立すると敵対していった。教職員組合の左派の指導者たちは共産主義体制を支持したからである。

私たち戦後世代の多くが左傾化したのは、日本が戦争の元凶のひとつであったと強く教えられ、高校へ入ったら、戦争は資本主義国が発展した帝国主義同士がやるものだと教わったからである。反戦平和を守るためには、資本主義に反対しなければならないと信じ込んだのである。

勤評制度への反発

昭和二六（一九五一）年に、日本が自由主義諸国とサンフランシスコ講和条約を結んで独立すると、旧保守勢力が完全に復活し、学校においても「行政のちから」を握るようになった。

ここから学校は「行政のちから」と「教師のちから」の力関係の下に動いていくことになる。まだ、「民間のちから」や「子どものちから」は成熟した力を持っていなかった。

教科書は国定で文部省（当時）が作っていたが、ナショナル・カリキュラム（全国的に統一された教える内容とその段階づけ）である「指導要領」はまだなかったので、「教師のちから」はかなり自由に教育できる状態にあったようだ。

そしてまた教師は政治活動（選挙運動）を自由にできる状態にあったが、昭和二九（一九五四）年、教育公務員の政治活動の禁止、特定の政党を支持または反対させるようなことを教唆《きょうさ》・煽動《せんどう》した者に刑事罰を科すことが国会で可決された。

ついで、昭和三一（一九五六）年には教育委員会制度が改定された。「行政のちから」が「教師のちから」を抑え学校の管理運営権限を校長に取り戻すために、補助教材の届出制の実施、教師の勤務を校長が評定する「勤務評定制度」の導入を図った。

「教師のちから」はこれを戦前の軍国主義体制への回帰と捉え、大きく社会問題化した。勤務評定制度は戦後の「行政のちから」と「教師のちから」の最大の争点となり、全国各地で勤評《きんぴょう》闘争が展開され、昭和三五（一九六〇）年頃まで続いたがだんだんと実施が定着していった。

なお、勤務評定制度については教師個人の思想・信条にかかわらず、最初はほとんどの教師が反対だったようである。みんなが戦前の管理体制を想起するとともに、いわゆる戦後の民主化の対極である「逆コース」（反動化）の教育における結着点と捉えたのだ。それもやむをえないと考えた人たちは、教職員組合をやめていった。

昭和三三（一九五八）年には、法的拘束力を持つ「指導要領」が策定され、「教師のちから」は大きく制限されることになる。

昭和三五（一九六〇）年、日米安保条約の改定に反対し、破棄を求める「六〇年安保闘争」が全国民的規模で高揚《こうよう》した。後述するが、戦後初期の平和教育を受けた大学生たちの多くがデモに参加した（当時の大学生の学年における比率は一割程度であった）。

このあたりまでが私の規定する農業社会的近代の範囲に入る。学校が牧歌的で、「教師のちから」が大きな権限を持ち、安定していた時代である。親も学校の権威を認めていた。

II. 「卒業したい」からいうことを聞く——産業社会的近代

教育を受ける「権利」の時代

「六〇年安保闘争」が体制側の勝利に終わり、退陣した岸信介内閣のあとを継いだ同じく自民党の池田勇人内閣の提起した「国民所得倍増計画」など高度経済成長政策が強力に推し進められ、生産力の増大、物質生活の向上、市民的権利の拡大がどんどん進んでいく。産業社会的近代の確立である。人口（労働力）は都市部に集中し、父、母、子どもの核家族が一般化していく。

子どもたちが親の稼業を継ぐのではなく、給料生活者になる将来がはっきりしてきて、高校入学者が飛躍的に増大していく。大衆教育社会の成立である。もちろん、家庭の経済力に余裕が出てきたからでもある。

かくして、一九六〇年代に入り、学校を動かす力に「民間のちから」（家庭、地域など）「子どものちから」が完全に参入することになる。当然、「行政のちから」「教師のちから」は圧迫されて、それまでの「お上《かみ》」的な自由を喪《うしな》っていく。

教育は「お上」から「して頂く」ものだった農業社会的近代を脱して、「受ける権利がある」産業社会的近代に入った。

教育委員会は文部省（当時）とつながっており、都道府県や市町村の管理下にあるから、「民間のちから」や「子どものちから」が簡単に手を触れることはできなかったが、教師は手近なところに居るので、その権限や権威は徐々に低下していくことになる。

私は、昭和三九（一九六四）年に埼玉県の高校教師になった。六〇年代は産業社会的近代に突入してはいたが、現場の実感として学校・教師はまだまだ権威のあるえらい存在であるように思えた。

私が勤務した学校は、低位の男子校で勉学意欲は低かったが、何を喋っても茶々を入れられるぐらいで秩序は安定していた。

よく生徒の母親から「いうことを聞かなかったらぶんなぐってやって下さい」という言葉を聞いた。私たちは、平和と民主主義を守る立派な市民にしようと願っていたし、それが教師としての自分たちの使命だと思っていたが、生徒たちは産業社会化して経済的利益を求める親や地域の影響を強く受け、（私たちの世代と比べると）完全に自己利益中心の生き方を持っていたと思う。恥ずかしげもなく、自己の利益を主張した。

理念的、空想的な「良い社会」を求める六〇年頃までの戦後派の「教師のちから」は、「民間のちから」「子どものちから」の経済的衝動によって少しずつ影響力を失いはじめる。

それでも、たとえば校内で暴力事件を起こした生徒は一発で退学になるなど、厳正な管理主義が徹底していたので、生徒は基本的におとなしい時代だった。

教師は美《うるわ》しい存在ではない

私たち戦後派の教師たちは、大して人格性も高くない戦前派の教師が一方的な権力性を持っていることに反発はしたが、すぐにそのお陰で自分たちも教師面《づら》できていることに気づいた。

教師は、個人として信頼されているのではない。生徒との関係は、その教師の学識や知性、教養、人格に関係なく、その人物が学校に所属する教師であることによって成り立っていた。

そして、そういう外的権力性を「行政のちから」から付与されないでは、授業もお説教もできはしない事実に直面し、大いに教師としての誇りや自信は傷ついた。また「教師のちから」に権力性は欠かせないことに気づかないわけにはいかなかった。

生徒たちの多くは「卒業したい」から教師のいうことを聞いているのであり、勉強したいから、「知」を身につけて立派な人間になりたいからではなかった。

彼らにとって勉強は強制的なものであり、そういう強制力が働かなければ勉強する気はないのであった。

勉強をさせることが、日本を平和と民主主義の国にする立派な市民に育てることにつながると信じていた私たち教師は、教師の権力性（秩序を維持する脅しや、成績評価権など）に頼るしかなく、また、高尚な志《こころざし》とは別に、日常の学校らしさを保つために（自分たちの生活を守るために）権力を行使せざるをえなかったのである。

教師は決して美《うるわ》しい存在でないことに気づいた。

「腐ったリンゴ」論への反発

学校や教育は社会の維持・発展のためにあり、かつ、子ども（生徒）たちの成長や幸福のためにもあるというのが戦後の常識だった。

「教師のちから」は両方を担わなければならないが、私が最初に勤務した学校の保守派（勤評闘争で教職員組合をやめた教師たちで、のちにそのほとんどが管理職になった）は前者イコール「成績を上げる」ことと考え、革新派（組合に所属している教師たち）は後者に重点を置き、「生徒のペースに合わせて勉強させる」と考えていた。

生活指導といえば、保守派は厳罰主義であり（保守派のリーダーはよく「腐ったリンゴは取り除かないとほかのリンゴがダメになる」と職員会議で発言して、私たちを不快にさせた）、革新派はどちらかというと温情主義であった（但し、反戦意識イコール反暴力意識の反映なのか、暴力事件については温情主義革新派のほうが厳しく、即退学を要求し、私たち若手は不審に思った）。

学業の成果は基本的に生徒の熱意や能力に規定されるから、保守派の担任のクラスが良いということはなかった。

皮肉にいえば、お互いに補完し合ってバランスを取っていたともいえよう。大きな違いとしては、保守派が進学校に格上げしようとしているのに対し、革新派のほうはそういう熱意はなかったということである。それは、革新派である教職員組合（分会）のリーダーたちが、資本主義体制下でおこなわれる教育は結局資本主義的な労働者づくりの教育にならざるをえないと考え、教育を変革するよりも政治的な体制を変革すること（社会主義になること）を優先すべきだと考えていたからであろう。

これは左翼の中でも政治主義的な考えであり、「教師のちから」の中には、資本主義体制下でも教育を改善できると考えて民間研究活動や教職員組合の教研活動を推し進めていた人たちもたくさん居たことを指摘しておかなければならない。

保守派のほうは生徒は厳しく管理しなければダメになると考え、勉学にも生活にも厳格さを意識していたのに対し、革新派のほうは能天気に自分たちは生徒の味方であると思い、若い世代は必ず進歩的・革新的になるというあの戦後幻想を信じていた。

教師の客観的なありようが生徒らと衝突するなどとはこれっぽっちも思っていなかった。

エスカレートする学生運動

一九六〇年代後半になると、先鋭的な学生や青年労働者たちによる闘争が勃発する。これはフランス、アメリカ、ドイツなどの先進諸国でも同じ頃に生じた青年学生運動で、簡単にいうと、第二次世界大戦後に形成された国内の秩序体制への反発である。

日本では政府・自民党対社会党・共産党という保守対革新の対立しているような動きをしながら、実は癒着している戦後体制（これは「五五年体制」と呼ばれた）に反発を強めた学生や青年労働者たちの運動が、ベトナム反戦闘争や大学改革闘争という形で噴出する。

色々な潮流があり、運動体も複雑だったが、こういう勢力を「新左翼」と呼んでおこう。「五五年体制」はちょうど学校の中の「教師のちから」が、組合派と非組合派のように補完し合いながら生徒たちを統制していたのと同じ構造だった。

ところが、昭和四一（一九六六）年頃から「新左翼」は過激な闘争戦術を採りはじめ、街頭では機動隊との肉体的な衝突も辞さないデモ行進がおこなわれるようになった。

教育、学校をめぐっては、学生・生徒たちは学校運営への参加や自由を求め、「教育は善である」「教育は社会や国民のためにある」「学校は生徒を正しい立派な市民として育成するところである」といった、戦後民主教育の確信が根底から疑われる事態となった。

特に、大学側、教授側の学生処分の不手際や手続き上のミス、そして、学生の要求をないがしろにする教授会の統制的な姿勢からトラブルが多発し、校舎のバリケード封鎖などに戦術がエスカレートしていった。多くの大学に火が点《つ》いていった。

大学の自治の中核をなす教授会が、口では民主主義や国民のための学問を主張してきたが、いざ不正や一方的な運営や管理主義を指摘されると、体制権力と同じように学生の声を力で踏みにじる体質だったということがあちこちの大学で明らかになった。「象牙の塔」と呼ばれ、真理を追求する姿勢や「行政のちから」にも屈服しない学問の自治を守る信頼を失い、大学の「教師のちから」はその権威を大いに失墜させた。

一方で教授たちは（多くの高校教師もそうだったが）、大学（学校）を運営し、学問の自由のために発動している指導や管理や統制や処分などの「教師のちから」は国民のためのものであると考え、たとえ執行にミスがあったりしても、それ自体に問題があるとはまったく考えていなかった。

彼らは「教師のちから」に間違いがあるはずがないと信じて疑わなかったのである。教授も教師たちも、学生や生徒たちが独自の主張をする主体である「子どものちから」を所有していることに無頓着であった。

ましてや、それが本来的に「教師のちから」と衝突する可能性があることをまったく考慮に入れていなかった。学生も生徒も教えられる存在であり、従うべき存在であると位置づけていた。

「子どものちから」の主張

「七〇年安保闘争」は、教育・学校の分野では「子どものちから」の登場を公然と告げるものであった。

学生たちの多くと一部の中学生・高校生は、七〇年前後に論理を立てて自己主張しはじめた。たとえば、「先生方は民主主義とよくいうが、あなたたちの取っている対応は民主主義に値《あたい》するものなのか」といった具合である。

現実の矛盾を指摘することは簡単である。現実は矛盾だらけだ。大学や学校を担っている者が、その矛盾のすべてから逃れることはできない。多くの大学では教授たちは学生の追及に応えられずに、かなりの人が殴られたと聞く。中学校・高校ではそこまでは行かなかった。

いずれにしても、「教師のちから」の権威がかなり低下したことは確かである。高校では文化祭に外部からギターを持った若者がやってくると、追い返したり、教師を呼集して動きを封じたりなどというドタバタ劇を演じていた。ギターを持った者がいればべ平連系（作家の小田実《まこと》氏らが始めたベトナム反戦の市民運動。多くの若者たちが結集した。正式名称は「ベトナムに平和を!市民連合」）のフォークゲリラと見なされた。

大学の教授たちはもっとそうだったと思うが、左翼ないしはリベラルな思想を持つ教職員組合の高校教師は、生徒たちの運動が新しい時代を象徴していること、それは戦後民主教育の思想やあり方の限界に帰因していることがまったくわからなかった。

彼らが信じ切っている（教職員組合が正しいと考える）戦後教育と、彼ら自身の教師としての存在価値を否定するからである。

どちらも大した違いはないのに、彼らは体制側の教育は間違っていて、組合の考える教育は正しいと信じ込んでいた。

私の居た学校でも一部の生徒たちによって、廊下に学校に対する批判のビラが貼られたりした（その内容はごく幼稚なものであり、事態を正確につかんでいたものではなかった）。

ビラには教職員組合の教師への支持も書かれていたのだが、組合は県も分会も革命党が実権を握っており、革命党は「新左翼」の動きは民主教育、民主運動を破壊しようとするものと位置づけ、敵対していたので、生徒の教職員組合への善意も一切認めようとしなかった。教職員組合の教師を支持したことも学校を混乱させるのが狙いだと考えた。

若い教師たちが辞めていった

そんなこんなで戦後民主教育が角を曲がりつつあった。教師が本源的に持つ権力性、強制性に耐えられなくなった良心的でナイーヴな若い教師たちが少なからず辞めていった。

私と一緒に教師になり、読書会などもやっていた親しい同僚のひとりも、昭和四四（一九六九）年の三月に教師を辞めて、民間の企業に移った。私は思いとどまらせることはできなかった。

私自身も「教師が権力的であること」が嫌になっており、同年の十一月に某出版社の入社試験を受けたほどである。幸いなことに不合格だったので、教師を続けざるをえなかった。

私は教師の持つ権力性に怖気《おじけ》をふるうほどナイーヴではなかったので、それまでの口先だけの進歩的な教師をやめて、権力性も合わせ呑んで本気で教師になってみようと思った。

生徒の要求をすべて受け容れることでは、教育にならないと思った。そして、生徒を教育することは必要であり、教育することの多くは強制性を含んでいると気づいていた。

教師である限り、自分だけ権力性から離れた身ぎれいな格好をするわけにはいかない。権力性を自覚しつつ、なお権力性を超えられるような教師のあり方を追求しようと思ったのである。

Ⅲ・校内暴力、いじめ、ひきこもり――消費社会的近代

団塊の世代が伝えた教育不信

若者・学生たちの反乱が終焉させられ、社会や学校に日常が戻ってきた。一九七〇年代はそれでも「七〇年安保闘争」の余波を受けて、何か新しいことが起こっていくような感覚があった。

一九七〇年代に学生だった世代は団塊の世代であり、全共闘世代とも呼ばれている。闘争は体制側の勝利に終わり、全共闘世代の多くは高度成長を謳歌《おうか》する市民社会の中へ溶け込んでいった。モーレツ社員になった人もいれば、ルサンチマン（恨みの念）を抱え込んでサラリーマン生活をひっそりと送った人もいよう。

彼らに共通してあったのは、教師や教育に対する強い不信の念であっただろう。機動隊に打ちのめされたことより、教授（教師）に裏切られたという思いのほうが強かった

ろう。

「教師のちから」に対する不信は、おそらく彼らの子どもに伝えられたはずである。

教育・学校は「教師のちから」の神聖さを構築しないでは成り立たないものである。教師と生徒の関係を人と人とのリアルな利害関係や善意のコミュニケーションに還元するわけにはいかない。教師は上位に位置する必要がある。従って、教育の大切さ、教師の権威性は子どもに洗脳のように、あるいは、暗示として流れ込むはずである。

全共闘世代の親たちは彼らが学園闘争で経験した教育、教授、教師たちの「真の姿」を口にしないではいられなかったはずだ。「教育や教師にも欠陥がある」と。

だが、小さな子どもに「真実」をそのまま伝えてはいけない。学校は近代の建前を教えるところだ。

高校中退の増加

「七〇年安保闘争」から一〇年後の一九八〇年前後から中学では「校内暴力」(対教師暴力)が全国的に発生し、この頃から現在につながるさまざまな教育不全、学校不全が次から次へと発生するようになった。

一番早く明るみになったのは高校中退の増加であろうか。やがて家庭内暴力、登校拒否（いまは不登校と呼ぶ）、校内施設の破壊、いじめ、ひきこもりなどが一般化していく。

これらの現象は、後に詳述するが、全共闘世代であった親たちの養育姿勢が一定程度かかわっていることは否定できない。もちろん、主要な要因としては、日本社会の消費社会化による意識変革、生き方の変動が大きかったことはいうまでもないが。

一一四ページで昭和三五（一九六〇）年あたりから日本が産業社会的近代に突入したと述べた。アメリカ・ヨーロッパを基準にした近代社会に入ったのである。子どもは近代的な個人として自立しはじめる。近代的な個人の特徴は、自己の主張と自己利益の固執である。

昭和三五（一九六〇）年が産業社会的近代への曲がり角であるとすれば、一九七〇年代後半が消費社会的近代への曲がり角である。

ここで戦後を生きる日本人の価値観が大きく変容を遂げたことは、多くの学者・研究者・評論家が認めている。

理由のわからぬ反抗

七〇年代前半より低下していた「教師のちから」は、七〇年代後半ますます権威を喪失していった。これは学校の権威の低下とイコールである。そして、親の権威の低下とも連動している。

つまり、教師や親に対して子どもの個が自立しはじめたのである。「子どものちから」が作動しはじめた。

親にとっては子育ては初めてか、そのあと数回経験するだけであり、かつ、子どもの可愛さに引きずり回されるから、自分の養育がどのような質になっているのかよくわからない。権威が低下した親は、子どものありのままに寄りそうようになった。

教師は、世代が変わってもその指導性や秩序性はあまり変わらない。教師と生徒は人と人としての親和性の前に、指導—被指導の上下関係が成立しなければならない。子どもは、教師一人ひとりの知力や指導性や人格性を理解できるとは限らない。

教師はおおむね七〇年代後半からの子どもたちの大きな変容を感受することができたが、わからなかったのはその理由や原因である。高校中退や家庭内暴力、登校拒否、校内施設の破壊、いじめ、ひきこもりなどの反社会的、反学校的逸脱行動の原因や根拠は、教育や学校の外部に立たなければ見えてこないからである。

学校の内部で生活している教師たちは、原因がせいぜい親の教育、しつけの不充分さにあると思うしかなかった。全般的に親の我が子に対する見方が非常に甘くなっており、生徒の犯罪行為や非行などで親を学校に呼ぶと、かつてのように「申し訳ありません」の最初の一言が消えはじめていた。

学校は、めったに事実誤認をして親を呼んだりしない。しかるべき事実を確認したうえで呼び出しをかける。親も子どももそんな事実はなかったと強弁することはあまりない（時々あるが、そういうときは修羅場になる）。

八〇年代からトラブルになりはじめたのは、その事実の位置づけについてである。つまり、学校側の位置づけと違う位置づけを、親および生徒がするようになった。学校に対しての生徒の「子どものちから」と、親の親としての面子《メンツ》を守る「民間のちから」とが拮抗《きっこう》するようになったのである。「子どものちから」と「民間のちから」が、「行政のちから」と「教師のちから」のいうこと（裁定）を素直に聞かなくなった。

「贈与」から「商取引」へ

私はこれを『オレ様化する子どもたち』（中公新書ラクレ、二〇〇五年刊）で、教師と生徒が共同体的な「贈与」関係から、市民社会的な「商取引」（等価交換）に変容したと位置づけた。

子どもの変容から二〇年ほど経って、やっと定義することができた。生徒は学校や教師から「買いたいもの」しか買わなくなった。自己を経済主体として確立したのだと認識することができたである。

生徒たちは自分が必要なもの、自分にとって得になることは受け容れた（買った）が、共同体による、国民にするための啓蒙《けいもう》という子どもの自己変革をともなう「贈与」は拒絶する（買わない）ようになったといえよう。嫌なものは受け容れなくなった。

子どもたちは意識していなかったろうが、高校中退、登校拒否、家庭内暴力（おおむね登校拒否の子どもによって引き起こされる）、校内施設の破壊、いじめ（学校秩序を拒否し、個体間の私的争いとして惹起《じゃっき》される）、ひきこもり等、どれをとっても「教育を受けること」の拒否または忌避、もっといえば、近代社会の秩序や建前に自己を適合させることの拒否感において一致している。

いまの自分（内面的な自己）のあり方を変革することへの忌避感情において同質である。社会やまわりに自己を合わせること、社会的な個人になることへの拒絶反応といおうか。

教師は、子どもたちの変容の原因や根拠を理解することはできなかった。「教師のちから」には学問や真理や科学などの普遍的なものも含まれているが、みんなが普遍的なものを内面化しているわけではないし、教師の持つ学問や真理や科学は授業には役立っても、子どもや生徒理解に役立つとは限らない。

学識と人間理解とは違った質のものだ。それに、「教師のちから」には教師の一人ひとりの職業的自覚や情熱、人間の幅なども含まれている。多くの教師が基本的に真面目であることは事実だが、生徒たちと交流する人間的諸力においてとりたてて優れているとはいえない。従って、私のいう教師と生徒の関係が「商取引」（等価交換）になったという仮説は、依然として多くの教師の理解の届かないところにある。いまでも教師の多くは生徒が「変わってしまった」とのみ感受しているであろう。

一九九〇年代に入り、個人の利益や権利の主張は行政や公共的なものを超えるようになった。学校だけでなくどこでも共同体的なつながりが解体していった。

いま風にいえば、世の中はそういう「私ファースト」でうまくいくようにはできていない。日本の教育も大義を主張できる順番は、「子どものちから」「民間のちから」「行政のちから」「教師のちから」の順になっている。「子どものため」といわれれば誰も勝てない。

Ⅳ．いまも「アメリカ的なもの」に支配されている

「日本がいかにひどい国であったか」という教育

戦前の映画や本には、「しっかり勉強して、えらい（立派な）人になるのだよ」という激励がよく出てくる。戦後初期の映画には、「先生や親のいうことをよく聞いて、いい子になりなさい」というお説教が出てきた。

その時代の倫理観を反映した「民間のちから」の子どもへの要求、期待を表している。

一九七〇年あたりから学校では、生徒の生き方や価値観に触らない教育の仕方になってきた。生徒も委員や係をやることを名誉と思わなくなった。公共性が消失しはじめた。人間のありうるべき生き方の範型がない。子どもの生き方の話の拠《よ》りどころがなくなった。戦後教育の弱点のひとつはそこにある。

昭和二二（一九四七）年、私が新教育一期生だった頃、私たちの国語の教科書の最初には「おはなを　かざる　みんな　いいこ」とあった。

「いい子」に理想的な子どものあり方を集約する仕方も、それが「お花をかざる」行為

によって象徴されているのもまったく意味がわからなかった。

小学校を卒業する頃に『仰げば尊し』を教えられたが、♫身を立て、名をあげ、やよ励《はげ》めよ♫の、「身を立て」も「名をあげ」も「励む」の意味もわからなかった。「立派な人間」「えらい人間」「志を持つ人間」のイメージがなかった。これが戦後の教育の出発である。

もっとも、社会学者ピエール・ブルデューのいう「文化資本」のあるお家《うち》では、それなりの立派な人間の教育がおこなわれていたのではないかといまは思う。

何しろわが家は、比喩ではなく本が一冊もないような社会階層にあったので、文化資本がありようもなかった。

えらい人や立派な人といった観念を構築するための大枠の世界観や人生観が存在しなかったのである。あったのは、日本は戦争を起こした史上最悪の国というイメージであり、これはもっぱら「教師のちから」が毎日教えるところのものだった。

世の中の役に立つ人、他人のために尽くせる人、自己犠牲を厭《いと》わない人、人格性の高い人、崇高な精神の所有者など、まったくイメージとして存在しなかった。

行政にもなかったし（戦前の世代だから内面には持っていたのだろうが）、地域のおとなたちや家族にもなかったし、教師も日本がいかにひどい国であったかは教えても、私たちがどういう人間になるべきかは教えてくれなかった。「おはなをかざる」では生き方につながらない。

おとなたちは、敗戦によって自信を完全に喪失していた。子どもたちに語るべき言葉がなかった。私は、地域のおとなたちや親が戦争について語るのを聞いたことがない。だいたい「行政のちから」は占領軍の管理下にあったので、新聞や映画やラジオで語られることといえば、「いかに日本および日本人が戦争において残虐であり、国民を抑圧したか」であり、おとなたちはまったく沈黙していた。

日本が悪かったともやむをえなかったとも、とにかく一言も喋らなかった。シベリアに日本兵が不当に抑留されていたことも、東南アジアでBC級戦犯が死刑にされたり、多くの場合、不当に拘束されていることも知らなかった。

昭和三一（一九五六）年に近所の染物屋の跡取り息子が中国抑留から帰ってきたときも、どうしていま頃復員したのかを聞いても、姉は恐い顔をして「シーッ、そんなこと聞くでねえ」と制止して何も教えてくれなかった。

政治的に創《つく》られた子どもたち

戦争に敗れて、学校教育における「行政のちから」は占領軍にあり、「民間のちから」は沈黙し、おとなや親たちが成長のモデルたりえない状態で、子どもに一番影響を与えたのは「教師のちから」である。

この時期「教師のちから」は占領軍と蜜月関係にあった。日本の悪や戦争のことを話して生徒に大きな影響を与えたのは女性教師である。

男性教師は復員してきた人も多かったのだろう。戦争について語ることはほとんどなかった。私は千葉県の田舎町に育ったが、『君が代』を歌わせられたことはなく、全校の朝礼では教職員組合の作った『緑の山河』という歌を歌わされた。

一番の歌詞はいまでもよく憶えている。

♫戦争《たたかい》越えて　立ち上がる　みどりの山河

雲はれて　いまよみがえる　民族の
わかい血潮に　たぎるもの　自由の　翼《つばさ》
天《そら》を往《ゆ》く　世紀の朝に　栄えあれ♫

いま読めば戦争に負けて日本は生まれ変わった、平和日本、民主日本、自由日本を目指して進んでいこうという真意はよくわかる。だが、当時は何にもわかっていなかった。私たち戦後の子どもたちは、占領下に新しい日本人として政治的に創られたのである。アメリカの著名な外交官ジョージ・F・ケナンの回顧録（『ジョージ・F・ケナン回顧録』、中公文庫）によると、日本占領時代にマッカーサー元帥と対面したケナン氏は二時間もその長口舌《ちょうこうぜつ》を聞かされ、元帥は未開地を占領したシーザーの話から始め、その概要は以下のようにある。

〈日本人は指導とインスピレーションに渇《かつ》えていた。日本人にデモクラシーとキリスト教精神を教えるのが彼の意図であった。日本人は現在、自由が何であるかを知りはじめ

ている。日本人は決して奴隷には戻らないはずであった〉

典型的な占領軍解放軍論である。私の育った田舎町に米軍は駐留しておらず、占領は表には出ていなかった。

ただ、不思議なことに、教会にも行っていないし、学校でも教わらなかったのに、讃美歌をたくさん知っている。意味もわからず、

♫もろびと集《こぞ》りて迎えまつれ
久しく待ちにし　主は来ませり　主は来ませり　主は、主は来ませり♫

などとよく歌っていた。「主は来ませり」なんか意味がわからないので、私は「しゅわく」という動詞があるのかと思っていた。

「教師のちから」は占領軍の教育改革に賛成しており、ある意味地域の民主化のリーダーという自覚も持っていたようだ。私たち子どもを平和国家、民主国家の担い手とし

て創り上げようとしていた。

「教師のちから」は実際には、占領軍の「行政のちから」と、旧勢力が権力を握っている国会や文部省（当時）などの「行政のちから」に引き裂かれていたのであろう。それに「民間のちから」である地域の人たちとの軋轢《あつれき》もあったろう。

もちろん、多くの教師はアメリカ側の諸改革、政治体制、イデオロギーを支持していたと思われる。つまり、残存している旧勢力との闘いをアメリカ側に立ってやっていたのであろう。

地域のおとなや親たちはそういう「教師のちから」を必ずしも快《こころよ》く思っていなかったらしいが、国が無条件降伏したわけだから、アメリカの代弁者ともいえる「教師のちから」を批判したりすることはなかった。

『硫黄島の砂』で描かれたもの

私たち戦後初期に小学校に入った世代は、大多数が社会主義を支持する革新勢力として育っていった。

主として、「教師のちから」と映画やラジオなどの影響力によるものと考えられる。実際、学校から映画館へよく映画に見に連れていかれた。大半は戦争の悲惨さを描いたものであった。戦争によって親を失い、浮浪児の境遇に置かれている子どもたちの映画もたくさん見た。

私たちに植えつけられたのは、日本の旧支配勢力の圧制と軍部の非人間性、残虐さであった。

ジョン・ウェイン主演の硫黄島の攻防戦を描いた『硫黄島の砂』(日本公開は一九五二年)を見に学校から連れて行かれたことがあった。私は完全に米軍の側に立ってこの映画を見ていた。硫黄島の日本軍を殲滅《せんめつ》するアメリカ海兵隊の勇士たちを称揚《しょうよう》することの映画を見せることによって、教師たちは私たちに何を期待したのか、いまもってわからない。「日本が戦争を起こした」「戦争は悲惨な結果をもたらした」「日本は最低、最悪の国である」「戦前の日本は軍国主義と封建主義に支配されていた」「江戸時代と同じように野蛮で遅れていた」「財閥と地主が利益を得ていた」「東条英機が悪い」「戦争は軍部が引き起こし、国民は反対だった」「日本はこれから軍備を持たない」「東洋のスイスになるのだ」「日本は平和と民主主義の国になる」……言葉にすればこういう内容を吹き込まれた。

とにかく、「戦争は絶対にいけない」「戦争を起こした日本は絶対に悪だ」ということを学校で骨の髄まで徹底的に教え込まれた。

戦争観のみならず、意識としても民間（地域や家庭）は旧《ふる》い体制のままで個人主義や合理主義の風はまだ吹いていなかった。

旧い風習や意識は、「教師のちから」や「子どものちから」からは「封建的」とひとくちに否定されていた。ホーケンテキは言葉本来の政治体制を表す意味ではなく、変革されるべき旧い考えや上下関係、風習などを指していた。

たとえば、NHKの街頭録音で「井戸と台所が離れているのは封建的だ」と語った女性教師が居た。

植えつけられた戦争観

もちろん、「戦争は起こしてはならない」は正論である。だが一方で、正論が必ずしも現実的でないことは先に書いた。

私たちが持たされた確信は「日本が理不尽な戦争を引き起こした」↓「日本が戦争を起こさなければ戦争は起こらない」↓「だから、日本は戦力を放棄すべきである」というような流れになっていた。

いまでもこのような、反米なのに戦後アメリカが押しつけた考えを持っている人はたくさん居る。これは占領軍（アメリカ）が押しつけた見解ではあるが、私はむしろ日本人のアジア・太平洋戦争をめぐる内省から醸《かも》し出された幻想ないしは錯覚であると思う。現在の東アジア情勢から考えると、あまりにも〈諸国民の公正と信義に信頼し〉（憲法前文）すぎている。

この条文はアメリカの原案にあったのだろうか、それとも日本側が付け加えたのであろうか。どうもアメリカ人の文体とは思えない。日本人が書き加えたような気がする。

とにかく、戦後初期の「教師のちから」によって日本はいかなる正当性も主張できないという戦争観に私たちは染め上げられた。

日本人は何らの弁明や言い訳を封じられていた。常識的に考えて国家間の戦争で一方の責任が一〇〇パーセントで他方は〇《ゼロ》パーセントということはありえない。

そういう偏《かたよ》った見方を私たちは主として教師によって身につけさせられたことは確かである。

偏見だらけの映画『硫黄島からの手紙』

先に小学生のときに見せられたジョン・ウェインの『硫黄島の砂』の話を出したのは、もうひとつの硫黄島の攻防戦を描いたアメリカ映画『硫黄島からの手紙』（監督クリント・イーストウッド、二〇〇六年日本公開）について触れておきたいからである。

この映画が日本ですこぶる好評であったらしいことに私は衝撃を受けた。確かに、『硫黄島からの手紙』は『硫黄島の砂』と違って日本兵が人間の顔をした存在として描かれていた。対日戦を描いたアメリカ映画はたくさん作られたが、珍しいことである。たいてい、日本兵は野蛮で粗野で戦争好きの残虐な人間として描かれていた。日本兵が人間的に描かれていたところにホロリとしたのであろうか。

ついでにいえば、占領軍の指令によるものか、戦後すぐに作られた日本の軍国主義、封建主義を糾弾する日本映画では、職業的な軍人（上官や高級将校たち）はことごとく利己的で部下を思いやらない人格下劣な悪人として描かれていた。

そういう点も、私たち戦後世代を日本嫌いに育て上げた。その点、『硫黄島からの手紙』の司令官、栗林中将（渡辺謙さんが演じている）は知米派の文明的な人格高潔な軍人として描かれている。みなさんはそこが気に入ったのだろうか。

私の見解では、『硫黄島からの手紙』はある程度洗練されてはいるが、戦後すぐに大量に作られた「占領軍解放史観」映画の焼き直しである。

アメリカ人たちの日本観は当時とあまり変わっていない。そして、それに気づかずに反発しなかった日本人も同じである。

同映画でも米軍は日本軍を撃ち破るとともに、日本人を苦しめていた軍国主義、封建主義的圧制から解き放ったのだというメッセージは鮮明だった。

単純にアメリカは正義で、日本は邪悪だった。クリント・イーストウッドなどのアメリカの知識人共通の固定観念なのであろう。硫黄島は、本土空襲をしてグァム、サイパンなどの基地へ戻れないほどの被害を受けたＢ29の緊急避難飛行場として、米軍にとって非常に重要な島であったと本で読んだことがある。

当時（現在も）民間人は居住していなかったが、映画では民家の並んだ集落が登場する。どの家も日章旗を掲げている。当時も旗日《はたび》でもないのに民家が日章旗を掲げることはなかった。

憲兵が見回りをしていて、日章旗を掲げていない民家へ入っていく。画面には出てこないがその家の犬が吠《ほ》え立てる。やがて、ピストルの音がして犬が静かになる。

さらに、渡辺謙さん扮《ふん》する司令官と並んで、もうひとりの主要な登場人物が「嵐」の二宮和也《かずなり》さん扮する名もなき兵士である。

彼は、埼玉県の大宮市で妻とパン屋を営んでいたが、憲兵がサンドイッチを無料で持っていってしまうので、とうとう閉店せざるをえなくなったというエピソードになっている。

なるほど、日本の憲兵はアメリカのＭＰ（軍の警察で対象は兵士だけ）と異なり、天皇制などの思想問題にからむと民間人を統制したようだが、ふつうのパン屋からサンドイッチを強奪するなどの非道はありえない。誰か事実を知っている人が居たら教えてもらいたい。

クリント・イーストウッドもアメリカが日本人を圧制から「解放した」といいたいのであろう。米軍の圧倒的な戦力はそのために必要だった。日本人をたくさん殺したが、解放するためにやむをえなかった。日本の野蛮で非人道的な武力に対して正義の武力を使わざるをえなかったと思っている。

アメリカのアクション映画はみんなこれと同じ構造になっている。確かに、占領軍によって私たちの社会が解放された面はたくさんある。それは否定できない。

だが、日本は憲兵に飼い犬を射殺されたり店の品物を強奪されるような、無法で人権感覚のまるでない未熟な国だったわけではない。イーストウッドは偏見を抱いている。

イラクを攻略するとき、ブッシュ（息子）大統領がいった、「われわれは日本を民主化させることができたのだから、当然イラクも（武力で）民主化できるはずだ」と同程度に見当が狂っている。

日本は目下だと思われている

さらに、アメリカのトランプ、ヒラリー・クリントンの大統領選の応援演説でトランプの無知を非難するために、オバマ政権の副大統領のバイデンが日本国憲法の戦争放棄にかんして、「(日本が望んだのではなく)われわれが(日本国憲法に)それを書いたのだ」と大声をあげて演台をこぶしで叩き、そのうしろでヒラリー女史がそうだそうだとうなずいた。

日本国憲法は占領軍から力ずくで押しつけられたことは多くの人が知っている。戦争放棄も日本が二度とアメリカに敵対しないように押しつけられたものである。絶対平和の高邁《まい》な理想からではない(私たちはそのように教えられたが)。

だから、朝鮮戦争が始まるやいなや「われわれが書いた戦争放棄」を投げ捨てて、日本に再軍備を強要した(吉田茂首相は消極的だったという)。最初に警察予備隊が作られ、それが保安隊に変わり、やがて現在に続く自衛隊が作られた。いまや、安倍首相は事あるごとに「(日米)同盟、同盟」といっている。

しかし、アメリカの現職(当時)の副大統領が世界中が見守っている公開の席上で「(日本の憲法は)われわれ(アメリカ)が書いた」と発言するのはデリカシー(繊細さ)

とコーテシー（礼儀正しさ）をまったく欠いた言動であろう。

バイデンは本心から日本はアメリカの従属国だと思っているのだ。そして、この発言に反発しなかった当の日本人も。「われわれが示唆した（サジェスト）」という表現だったら妥当といえるかもしれない。「われわれが指示した（ディレクト）」でもまあ許されよう。「われわれが命令した（オーダー）」でも占領下だからやむをえないという考え方もあろう。

ところが、私はテレビで見たのだが、バイデンは「ウィ　ロウト　アワセルヴズ（We wrote ourselves.）と間違いなく述べたのである。日本人の主体性をまったく認めていない。

事実には違いないのであろう。だが他国の憲法を「われわれが書いた」と述べ、アワセルヴズ（われわれ自身の手で）を入れて強調する無神経さはすごい。

こういうバイデンの日本に対する支配者意識や傲慢さを、誰か指摘した人は居るのであろうか。私は寡聞《かぶん》にして知らない。

憲法を尊重している日本人はたくさん居る。押しつけられたことを知っていて尊重している人も居れば、知らずに尊重している人も居る。

戦争放棄を絶対に守ろうとしている良心的な日本人は、自分たちが「決めた」と思っているし、押しつけの経過を知っている人たちは「それでも私たちは戦争放棄が正しいと思っている」と主張するだろう。

バイデンは、日本人の押しつけ憲法に対するデリカシーを考えたことなどないのであろう。完全に目下だと思っている。

鈍感な日本人

私は、依然として日本を属国視しているアメリカ人を非難したり批判したりするために、イーストウッドの『硫黄島からの手紙』やブッシュ（息子）元大統領の「日本でうまくいったのだからイラクも……」やバイデンの「われわれ自身が書いたのだ」などのエピソードを挙げたのではない。

これらに対する日本人の無反応や鈍感さが、私がアメリカ崇拝教育を受けた昭和二〇年代と少しも変わっていないのではないかと思うからである。

アメリカの指導者たちがマッカーサー元帥とそれほど異なっていないであろうことは先刻承知していた。それでも、バイデンのあの自信たっぷりの断言にはかなり衝撃を受けた。

いずれにしても、彼らが「そう考える」ことは止めることはできない。日本が独立した国であり、経済大国でありながら、とりわけ外交上はアメリカの属国的な動きしか取れないことも知っている。

それは安倍首相がアメリカに阿《おもね》っていたり、弱腰だからではない。外交力は基本的に、軍事力と国連における特権に比例するからである。

平和や反戦の理念が普遍的であり、人類の未来を保障するものであろうと、現実の外交は核を大量に持ち、他国を攻撃できる重武装をしている第二次世界大戦の戦勝大国が動かしている。

だいたい日本では「国際連合」と呼んでいるが英語では「United Nations」であり、「連合国」が本義である。日本やドイツは旧敵国として冷遇されており、常任理事国の中には中国やフランスのように第二次世界大戦の戦績が定かではない国も入っている。

「人民」や「共和国」など、自国名に和製漢語をたくさん採り入れている中国もやはり国際連合と呼ばず「連合国」と呼んでいる。

日本がアメリカの対等な同盟国ではなく、属国的であることはみんな感じていよう。右派の人も左派の人も「対等な同盟」はインチキだと思っている。

だが、対等な同盟を夢見ている右派のメディアや有識者たちも、属国的な動きを事あるごとに批判する左派やリベラルなメディアや有識者たちも『硫黄島からの手紙』を批判したという話を聞いたことがない。

イーストウッドの日本人の描き方に感動、満足してしまったのであろう。漫画家の小林よしのりさん的いい方を真似れば、「一億総ポチ化」ということになろう。

また、ブッシュ（息子）元大統領の妄言《もうげん》にクレームをつけたという記事も読んでいない。アメリカが日本を解放し、民主主義国にしてくれたと全面的に感謝しているのであろう。

そして、バイデンの失言を指摘した報道も知らない。自分たちの内面が左右を問わず属国化しているからではないか。

「パン屋」を「和菓子屋」に変えた真意

私たちの政治意識は時代に創られている。昔はほとんど「教師のちから」が子どもの政治意識を形成していたが、いまはメディアの力のほうが強いかもしれない。

いずれにしても、「行政のちから」にも「民間のちから」にも「教師のちから」にも「子どものちから」にも、占領時以来のアメリカ的なるものがまとわりついている。

「指導要領」の改訂内容に照らし合わせ、ある教科書に「パン屋」とあったのを「和菓子屋」に変えたという話があった。

アメリカの属国意識を否定したいという意図なのだろうか。誰かが「パン屋」を「和菓子屋」に変えたらアメリカと対等な立場に立てると考えたのであろうか。

人類は文化的に交流（戦争も含む）して歴史を形成してきた。われわれ独自のものはない。われわれ自身が世界から創られたわれわれなのである。

私自身も同じようにない。私自身が社会から創られた私なのである。もちろん、外部からすべてが創られるわけではない。人間は外部から創られながら自分を創っている。そういう人間の変化、あるいは国の変化に対して敏感になることが、教育の本態の把握につながることになるのである。

とにかく、戦後のＧＨＱ（連合国最高司令官総司令部）の教えた、アメリカべったりの歴史観や教育観が依然として効力を発揮している事実に驚かざるをえない。日本はまだ生徒のままなのである。もちろん、安倍首相の「日本を、取り戻す。」も結局はアメリカ的な色彩のついた半従属国的なものを超えられるものではないと、私は強く疑っているのである。まず「自分」を確立しなければならない。

第五章

「子どものため」は教師の驕《おご》りである

Ⅰ．K女子高校での英語の授業

ホームルームで話さない

教師は具体的に生徒とどのように向き合うべきか。本項では、伝統校であるK女子高校で私がおこなった英語の授業での経験を振り返りながら、検討していきたい。

同校に、二〇〇一年に定年退職するまでの十二年居た。その前に三校経験したが、いずれも低位のところだったので、教科の先生というよりは生活指導が中心という感じだった。

三校目で疲れ切ってしまったので、苦労している仲間にはわるいが、最後は自宅から歩いて行ける進学校に転勤させてもらった。春風に吹かれながら、本館と校舎をつなぐ露天の渡り廊下を渡って教室へ向かう気分は何ともいえないものだった。

三校目で年間約三ケタあった処分が一件もない。廊下も気楽に歩いていける。私語はない。英語は受験科目だからみんな手を抜かないでやる。まるで天国だった。

二年目からクラス担任をするようになった。一年のクラスは最初から自分で手をかけたのでいいクラスだった。反抗的なグループも居たが、一番仲よしになった。

二年は別々のクラスから集まってきた生徒たちの折り合いが悪く、さらに、担任の私との折り合いもうまくゆかず、死んだようなクラスで私は高血圧症になった。クラス運営は偶然性も大きい。

その代わり、三年は不思議なことに私のファンがたくさん集まり、生徒間も仲が良くてすごく楽で楽しかった。生徒たちはよく勉強して割と希望どおり進学していった。

その次の年（五年目）に、教務主任をやるように四、五年教務主任をやっている人から強く勧められたが断った。六年目はさすがに断り切れず教務主任に押し上げられる。三年間何とかやり切る。定年まで四年。

もうワンクール担任をやりたいと願い、何とか一学年にもぐり込んで担任になる。やはり担任は楽しいし、やりがいがある。

朝のショートホームルームに向かう緊張感は何ともいえない。といっても、お説教したり勉強を督励《とくれい》したりするわけではない。生徒の週番班が出欠の確認をしたり、生徒間の連絡の司会をするので、戸口のそばに居て学校からの連絡事項が必要なときに口を開くだけである。

私が喋らなかったのは、生徒の運営しているショートホームルームだったからである。教師の話というのは必ず教訓的になり、お説教になる。そういうシステムにも耐えられなかったこともある。

三年が終わって卒業式の謝恩会のときにある母親から聞いたのだが、別の母親から耳にした話として、その人のお子さんが「諏訪先生は生徒が嫌いだから、ホームルームで話をしない」といっていたとのこと。誰がいったかはすぐに推測できた。

一、三年と私のクラスにいた生徒である。そういう見方があるのだなあと思いつつ、あの娘《こ》はホームルームで私が思ったことを話したらいの一番に反発するだろうにと思った。

生徒の受験を親身に考えない

生徒の進路指導はうまくいき、文系クラスの三九名中浪人は二人しか出なかった（文系クラスは全七クラスで浪人は計四七名だった）し、ほぼみんな第一希望校へ入った。

私自身うまくいったと思っていたが、あとで進路指導部の資料が出た際、親しい同僚から「5組はレベルが高かったですね」といわれた。

生徒がよく勉強しているのはわかっていたが、担任のせいでないことはいうまでもない。学年の解散旅行の懇親会でもいったのだが、何しろ私は生徒に「勉強しなさい」といったことがない（ついでにいえば、自分の子どもにもいったことがなかった）。

私の教師としての癖のようなものである。補習も私的にはやったことがないし、宿題も出したことがない。進路の話といえば、個人面談で「どこを受けたらいいか」のサジェッションをしただけである。受験校では生徒の希望のひとつ上のランクを狙わせた。上のランクのほうが、大学のコンセプトがはっきりしているからである。

先に「担任のせいでないことはいうまでもない」と述べた。担任が叱咤激励して生徒たちをレベルアップさせたのではない。しかし、考えてみればほかの担任たちとの異同はいくつかある。

まず第一に、私は生徒の受験について親身に考えていないことである。完全に生徒に懸けられた（あるいは生徒が選択する）生徒自身の事業だと見切っている。うまくいこうがいくまいが彼女たちの人生の問題である。親身に考えるのは失礼だ。彼女たちの一生の賭けにおいて「うまくいった」ほうが良くて「うまくいかない」ほうが失敗だなどとは考えていない。勝とうが負けようが、そこから新しい道を歩みはじめればいい。大学の上下のランクのわずかな差など、虚栄心の問題でしかない。

私が興味があったのは、生徒がどのようにして自己の進路や生き方を切り開いていくかであった。ただ希望を後退させることは認めなかった。全力を尽くすべきだと思っているからである。

部活をよくやってきた生徒が廊下ですれちがったとき、「センセー、もう疲れちゃった。C大の推薦に出そうかな」とぼやいた。私は直《ただ》ちに「あなたがダメだったらK女は全滅です」といった。その子はうれしそうな恥ずかしそうな顔をして離れていった。結果としてW大の法学部に合格した。

こういう激励はしたが、「もっとがんばんなくっちゃあ」などという類《たぐい》のことはいわない。やるかやらないかはその子の決断による。その面を大事にするところが、ほかの教師たちとかなり違うところではなかろうか。

ほかの担任たちは生徒のためになる指導をしていると思っている。私は自分が納得できる指導をしている。必ずしも生徒のためだなどと考えていない。

だいたい、どうやったら、どう指導したら生徒のためになるのかよくわからない。私は自分の確信する教師の道を生きようと思っているのであって、生徒のためにがんばろうとしているのではない。

英語を教えることは「知」を教えること

私は自分でいうのも何だが、三十数年かけて教師というものの一般的なありようは超えてきたと思っている。大方の教師は少し変わった、独善的な教師だと思っていたかもしれない。

ただ、生徒と対面している一個の人間としての教師のふつうのあり方は超えられたと思ってはいたが、英語の教師としてはごくふつうであり、英語の教師の一般性は超えられなかったなと思う。研究会（プロ教師の会）のみんなにもそう話してきた。

とはいっても、「英語は英単語を覚えれば訳せるようになる」という程度のバカな英語教師の一般性は超えていたことはいうまでもない。

多くの英語教師は、英単語の意味を覚えなさいとよく生徒を焚《た》きつける。だが、英単語にはこれという固定した意味はなく、構文の中に位置づけられたとき意味が発生するのである。それが言語の本質だ。

私は「英語ができるようになること」と「さまざまな分野で知的主体として生き抜いていくこと」は、英語のリーディングの授業で共に追求されるべき課題だと考えている。だから、逆算して私の英語の教師としてのありようは英語を教えることと「知」を教えることを一体として捉えることによって、世の多くの英語教師とは異なっていたといえるかもしれない。

リーディングの授業で歴史の話もする

ここで少し補足すると、当時K女子高校の英語リーディングは一年、二年と三年の一学期までは文部省（当時）検定の教科書を使っていたが、受験期に入る三年の二、三学期は副教材というか、難関大学の入試に出てくる程度の教材を集めたリーディング問題集を使っていた。

文部省検定の教科書は使用単語の制限もあるし、英語の文体としても練れていないし、話の内容も単純だからである。一方、副教材のリーディング問題集のほうはネイティヴの一流の専門家が自分の専門について書いた論文である。英語も内容も密度が高いことはいうまでもない。

だから、授業中も余談をして脱線しているひまはなかった。まず最初に生徒に訳させる。すると、英語を日本語に置き換えただけで意味不明なことが多い。ふつうの教師はここで満足するのかもしれない。

しかし、私の教える立場・姿勢からすれば、もう一度生徒たちが内容的に理解できるように説明しなければならない。生徒が翻訳したものを、再度わかるように翻訳する必要が生じる。

ここで、内容に関連した生徒たちの知的世界を広げる話をすることになる。たとえば、歴史や哲学や精神分析の話などをする。私の考えでは余談でも脱線でもなく、まさに外国語を教える授業に必然的に生じるプロセスである。

英語「を」教えるのか、英語「で」教えるのか

若かった頃、教師仲間と「英語を教えるのか」「英語で教えるのか」という議論をしたことがある。

前者は英語を日本語に置き換えること、後者は置き換えた日本語をさらに翻訳し、生徒の知的世界を広げることを目指すことであった。

私は「英語で教える」ことをずっとやってきたのかもしれない。但し、本当の英語教育学界などの対立は、簡単にいうと「英語を使って英語を教えること」と、子どもはすでに日本語を身につけているから日本語との関連を重視して英語を教えるべきだということとの二つである。

文科省はアメリカで優勢な「英語を使って英語を教えること」をずっと支持しているので、とうとう小学校から英語をやるようになった。英語を使って英語を教えること、つまり、日本語を使わないで英語を教えることを基本としている。

但し、学界関係や識者の多くの人たちのあいだには、文化論的な観点、およびすでに子どもが母国語としての日本語を思考の土台としていることから、文科省の方針に反対

している人は多い。

ついでにいえば、私がK女子高校にいた頃英文法の授業はなくなっていた。英会話には一年、二年と各一単位計二単位が必修であったが、そのうちのひとつをぶっかいて、副教材を使い、二単位分の英文法の授業を教育委員会に届け出ないで隠密裏《おんみつり》にやっていた。英会話は一年の一単位しかやらなかった。

当時、「英語で英語を教える」という大義名分から、中学校でも英文法の授業はなくなっており、生徒たちは塾で英文法を学んで入ってきたのである。

英会話を一単位にしてしまい、英文法に回してしまう掟《おきて》破りは進学校の多くでやっていたが、英語科の教師のあいだで議論したことはなく、生徒たちが日本語を身につけていることから、文の構造上の相違を教えなければ英文は読めるようにならないという、長いあいだの経験法則で当然のようにそうしていたのである。

私は、英語の授業はすぐれて日本語的な授業だと思っている。日本語を媒介にしなければできないと思っている。また、日本語を排除して、英語だけで英語を教えると日本語力が後退してしまう（日本語は英語とは異なり、世界でも独特な表音文字と表意文字をまぜあわせた漢字かな交じり文であるためである。文科省のやり方は母国語が英語と同系統の場合に有効なのである)。

II.「プロ教師の会」でいい続けたこと

水平思考よりも垂直思考

私は、教師はスターになろうとしてはいけないと思ってきた。生徒に好かれたい教師は結構居る。私は若いときの一時期以外生徒に好かれたいと思ったことはない。

別に嫌われることを望んでいるわけではないが、教師にしろ生徒にしろまわりに居る人の意思や好みで動かされることはしなかった。私はこれを「水平よりも垂直が好き」と表現している。研究会でも垂直を重視してきた。人間的なつながりより、事柄の是非を大事にしてきた。

誰かが学校であったことを報告するとする。みんな仲間意識が強いから、話している仲間のいっていることが正しいと考えがちである。これが水平的思考の一種である。

私はデータを出させてひとつひとつ点検していく。その結果、会の仲間の判断が間違っているることがいくつもあった。

間違いを指摘されたことで、自己を否定されたと思い、会を辞めていった人も居る。たかが私ごときに論破され、それで自己が破滅してしまったような感想を抱く実践家など役に立たない。

少しばかりおこがましい話だが、最近読んだ話にこういうのがあった。プラトンがあまりにソクラテスを批判するので、ある人がこう尋ねたのだという。

「ソクラテスはあなたの親友ではないのですか」

プラトンはこう答えたのだという。

「確かにソクラテスは私の親友です。だが、真理のほうがずっと大事な親友なのです」

これが私のいう水平よりも垂直を大切にする思考である。

教師は教師を超えろ

私はほかの教師たちとはかなり異なった教師であることはわかる。人間的な対面において、授業では言葉のやりとりにおいて、おそらく異なっているのであろう。従って、生徒に異なる影響力が及んでいることもわかる。

私は「生徒のため」というふつうの教師にありがちな大義名分やいい訳はけっして使わない。

つねに自分の信じる教師としてのあり方を生きてきた。自己の現在に知的に充足しない人間なので、学生のときこそ学生運動に専念して勉強しなかったが、教師になってからは教育の分野だけでなく、オールラウンドに勉強して年を重ねるごとに変わってきた。

大学一年のときからつき合って結婚した妻からは「本当によく変わった」といわれる。学生のときには交換日記の一ページを埋めることがむずかしかった文章力も、年を経るごとに妻と逆転していき、単行本（教育関係の人文書だが）も現在まで二十数冊出版してもらっている。

そういう私の「知」への衝動が教師としてのあり方にも表れ、生徒たちにプラスの影響を与えていたのではないかという気はする。

「プロ教師の会」でもよく「教師を超えろ」といってきたが、とうとう理解されなかった。

社会科の教師はどうしても社会科の教師的な発想から外へ出られない。そういう人には「社会科の教師を超えろよ」といい続けてきた。

教師はよく教師の考えそうな発想をしてしまう。教科書に書いてありそうなことを考えるといったらいいか。独創性や斬新性がない。

たとえば、保守的なものよりリベラルなもののほうが良いと思い込んでいる。もう大分前になるが、民主党（旧）が天下を取ったとき、「これから新しいことが始まりそうな予感がしますね」とハガキを書いてきた社会科教師が居た。

どう返答したかは忘れたが、そういう予感を窘《たしな》める内容の返事を書いた。数年を経ずして、民主党内閣は壊滅してしまった。

Ⅲ・教師の愛とは何か——カリスマ教師・堀裕嗣《ほりひろつぐ》氏の教育論

良識的なカリスマ教師は居ない

カリスマ教師は居る。並の教師以上に子ども（生徒）たちに影響を与えることのできる熱心教師の一種である。

熱心教師の中で「自分は特別な教師としての力を持っている」と思い込めるのがカリスマ教師としての第一歩だ。まず自己暗示がかかっていないと子ども（生徒）も暗示にかからない。

カリスマ教師は「とてもすぐれた教師」のことではない。「パーフェクトティーチャー」というと知力、指導力、人格性などすべてにおいてすぐれていなければならない。そんな教師はいない。

カリスマ教師は子ども（生徒）への指導力、影響力において一種特異な熱心教師のあり方である。ふつうの教師の模範になるような教師のありようではない。ふつうの教師には中々真似できない。

だいたい、カリスマ教師は常識的ないしは良識的ではない。ある種の狂気を内蔵していなければならない。

その狂気は「オレは完璧な教師だ」という幻想でもいい、「人類のために教師をするのだ」という思い込みでもいい、「子どもを立派な人間に育て上げるのだ」という目標でもいい、あるいは、「オレほど生徒のことを思い、尽くしている教師はいない」という錯覚でもいい。

そういう自信というか自負心がカリスマ教師を創《つく》り上げる出発点となる。いまは言葉でその心意気を表現したが、実際は言葉で整理できないような、子ども（生徒）を自分の思うように「創り上げよう」という一種の狂気が、子ども（生徒）たちに影響を与え、動かすのではないかと思う。

言葉にできない狂気の教師

実は私は昭和四五（一九七〇）年、二八歳のとき、あるカリスマ教師に教えを受けようとして、その人物の居る高校に転勤したことがある。

彼は常日頃「人類の教師」にならなければならないといっていた。その人の人となりならぬ「教師となり」は短い枚数ではうまく書けない。

実際には、書いても書いても剰余（表現できないもの）があまりにも残ってしまう。うまく論理（言葉）化できない教師のありようをしていた。「すごい教師」だった。

彼は私の八歳上で、職員会議で喋ることや、学年会の設営の仕方などたくさん学ぶことができたが、彼の教室に入って行くわけにはいかないので、生徒たちとどうやりとりしているかはいまひとつよくわからなかった。

結果として、私はカリスマ教師にはならなかった。彼のようなカリスマ教師とは、何しろ持っている「狂気」の質と量が比較にならなかった。

真似をしようとも思わなかったが、真似をしようとしてもできないことは明白だった。イメージとしていえば、私が密度の高い仕事をしようとしているのに対し、彼は命を張っているようなところがあった。

私にとっては自分の考える思想的・論理的一貫性が大事だったが、彼は内田樹《たつる》さんの言葉を借りれば、叡智《えいち》的な枠組みではとらえられないもので動いていた。言葉や論理でやり合いをすれば私が勝つのだが、教師の実践力ではまったく問題にならない。

カリスマ教師は、論理や思想の一貫性など気にしていない。おそらく、吉田松陰や西郷隆盛などというようなカリスマ的な指導者は言葉（論理）の人ではなかったのではなかろうか。

彼は「すぐれた教師」ではなく「すごい教師」であり、異形の教師であった。もちろん、見る人によっては「とてもすぐれた教師」と見えたかもしれない。

人づてに聞いたのだが、管理職筋のある人が彼のことを「頓珍漢《とんちんかん》な奴」と称したそうである。私はそれを耳にして激怒し、彼の記録を残しておこうと思い、「異形の教師、千葉律夫をめぐって」という論文を書き、「プロ教師の会」の機関誌に載せた。

それでも言葉と論理で書くしかないわけで、彼の教師としてのありようの三分の一ぐらいしか形象化できなかったことはいうまでもない。

カリスマ教師への違和感

さて、ここからは札幌の中学校の国語教師で、自他ともに認めるカリスマ教師である堀裕嗣（一九六六年生まれ）氏の『エピソードで語る　教師力の極意』（明治図書出版）を少し分析してみようと思う。同書では二十年余りの教師生活について書かれている。

堀氏はカリスマ教師である。私は自分の教師としての経験と論理を持ってぶつかるつもりだから、彼の「狂気」と大きくすれ違うことが予想される。

そして、私としては堀氏の表現（書いたこと）を分析するしかないので、かなり彼の真意とずれることも考えられる。私たちの教育観や教師観、実践観を推し進める土台にしたいと思っているので、堀氏にもクールに対応していただくことを期待したい。

堀氏と私は面識がある。本人と話してみて、この人は「すぐれた教師」であると見た。国語の教え方についてサークルで話していると、朝までやり続けても平気だという。

また、彼は国語教育で名を馳《は》せているばかりでなく、学年運営や生活指導にも積極的に発言し、『生徒指導10の原理１００の原則』（学事出版）などの本も出していらっしゃる。

いうなれば教師のフィールドでオールラウンドに活躍し、たくさん表現活動（講演や出版）をしておられる「すぐれた教師」といえよう。身体も大きく、あごひげを生やし整ったインパクトのある顔つきの方なので、生徒への影響力は持ちやすいタイプと見た。

学年運営の方針案を読んでも目配りはほぼ完璧であり、リーダーとしての素質もきわめてすぐれていると思われる。

「パーフェクトティーチャー」ではないが、教師としての公的な現れにおいて、ほかの教師から見ればほぼパーフェクトに見えているのではなかろうか。現場の教師としては最高の働きをしていると思う。

ところで、私は堀氏の著述を読んで、馬力のある「すぐれた教師」だと認識しているが、どこか納得のいかないというか、教師観や生徒観が違うなという感をつねに抱いてきた。

私がカリスマ教師にならなかったのは、カリスマになるうえでの「狂気」が足りなかったからであり、別のいい方をすれば、一種物狂いの熱心教師に変身するよりも、自己の思想的、論理的一貫性のほうが大切だったからである。

そういう私の「教師」へののめり込みの足りなさが堀氏の言説との異和を生みだしているようだ。

教師の押しつけ

『エピソードで語る　教師力の極意』の第1章は「新卒時代の肖像」とある。同書が出版された、二〇一三年当時の堀氏の価値観で書かれていることに注意を払っておこう。堀氏は新任の中学校での一年生の担任としての「失敗」をこう記述している。

〈思えば、四月から失敗の連続だった。私は当初、彼らを大人扱いしようとした。

「そんなことは自分で考えろ！」

「おまえら、ほんとに子どもだな……」

いま考えると馬鹿げた台詞のようにも聞こえるが、私は本気で叫んでいたのである。思えば私は、彼らと友達でいたかったのかもしれない。その時々、自分の考えていることのすべてを彼らにぶつけていたように思う。そんな私に、生徒たちは寛大だった〉

堀氏の「正しさ」が強く生徒に押しつけられていることがよくわかる。もっとも、新任だし、そういう執念は教師としてはごくふつうのことであり、彼特有のものとはいえない。

ただ、教師がクラスや生徒たちを「こうしたい」と思っていることが、堀氏にとっては「強い正義」として個人的に確信されているところが違う。ほとんどの教師は教師の思うようにはならないことをどこかで知っている。

つまり、「教師としてのやりたいこと」があり、「生徒たちの思いや気分」があり、実践はその中間のどこかの地点に相互の力関係によって成立することを承知しているものだ。「教師の思い」のみで実践が成立するとは思っていない。相手が居ることであり、相手は数十人の人間であり、ひとつのユニットや生徒という抽象ではない。思ったとおりに行くはずがない。

「生徒のため」は正しいか

〈四月から失敗の連続だった〉と堀氏は書く。私だったら、「まったくうまくいかなかった」と記述するところである。「うまくいかなかった」は現象を述べている。「失敗の連続」というと「ありうるべき成功した姿」とその教育的正しさがまず確固としてあり、それに到達しなかったということだ。クラスや生徒の理想的なあり方や教師の教育観が強く意識されている。

それは堀氏にとってどのような「成功」だったのだろうか。教師が「期待している生徒の状態」と、実際に生徒たちが「やっていること」が蜜月の如《ごと》く一致している至福の状態を指しているのであろうか。

経験を積んだ、「すぐれた教師」である堀氏が「失敗」といっているのだから、その対極に想定される「成功した状態」がいまも変わっていないことを意味している。それはどういう状態なのか。ここが私にはよくわからない。

堀氏は〈彼らを大人扱いしようとした〉と述べ、〈そんなことは自分で考えろ!〉〈おまえら、ほんとに子どもだな……〉と〈いま考えると馬鹿げた台詞〉を〈本気で叫んでいた〉と語る。

まず〈大人扱いしようとした〉というのは、自分の「正しい」方針で〈何しろ「正しい」のだから〉生徒たちが動くはずだと勘違いしたということであろう。しかし、そんなことにはならなかった。生徒たちも教師の「正しさ」を吟味して、従うか受け流すかどうか決めるからである。

そこで、〈そんなことは自分で考えろ！〉〈おまえら、ほんとに子どもだな……〉という罵倒《ばとう》になった。それも〈本気で叫んでいた〉の「本気」の中身が問題である。

要するに、「自分の思ったように」ならないから、教師のわがままで怒鳴ってしまった（私もこういう経験はたくさんある）か、それとも、彼らに教育的挑発をしてしっかりした生徒にするために戦術的に叫んだのかのどちらであるか。

もちろん、新任の堀氏には後者のテクニックを使う余裕はない。感情的に行動してしまったのであろう。こんなことはよくある。それがダメだといいたいのではない。

ダメなのは「うまくいかなかった」ことが、彼の「やろうとしたこと」の是非の検討に向かわなかったことである。「やろうとしたこと」（教師の基本方針）の正しさが固く確信されている頑《かたく》なさがうかがえる。ここが一番の問題ではなかろうか。

私が〈失敗の連続〉と表現するよりも「うまくいかなかった」と述べるほうがいいと考えるのはこの点にある。「失敗」では方法《やりかた》のまずさは語られていても、方針《かんがえ》のまずさは視野に入ってこない。

生徒たちを「こうしよう」と思ったのに〈失敗の連続〉でうまくいかなかったが、「こうしよう」と思っていた基本について自ら疑ってみるという姿勢がない。最初から排除されている。ここがおかしい。

「うまくいかなかった」のは「こうしよう」と思うその基本の考え（教育観、生徒観、実践観）に問題がある可能性も高い。実践や現場の論理からいえば、現実にうまくいかなかった「方針」は、方針自体に問題があると考えるべきではなかろうか。

教師の「やったこと」の是非はそれほどクリアーになるものではないが、教師はやっぱり結果責任であろう。「しようとしたこと」「思ったこと」「生徒のためを考えてのこと」の正しさは、教師の正しさを保証しない。

実践は、思いや言葉ではなく人間同士のコミュニケーションや関係の構築である。きちんとした方程式で表記することはできない。「教師の思っているように生徒を動かす」は避けて通れない道だが、教師の思いを特権化すると、生徒を支配することに一元化してしまう可能性が高い。

教師の行動はすべて指導である

堀氏は新任の担任としての〈失敗の連続〉の結果、〈その上、それまでわけもわからず、指導らしい指導もせずに来たつけがまわってきて、学級がもめ出した〉と書く。つまり、彼は〈指導らしい指導〉をしていれば学級がもめることにはならなかったといっている。

これは「正しい指導」があって、私はそれをすることができなかったという真意である。「正しい指導」がいくつもあるとは考えられない。

仮に、「正しい指導」がひとつだとすれば、そこに到達できる教師は稀《まれ》であろう。とてもむずかしいことをいっている。

ところで、私は教師はいつでも、どこでも生徒たちに対して「指導をしてしまっている」という立場をとっていると考えている。教師の言動（言動しないことも）はすべて指導である。

指導が「正しい」か「間違っている」かを区分することは困難だが、適切か不適切かの区別はできるだろう。「いい指導」だけが指導ではない。それはちょうど「いい教育」

だけが教育ではないのと同じである。

教師が「いうこと」「いわないこと」「何かしたこと」「何もしないこと」はすべて指導に入る。生徒に何らかの信号、指示を出している。堀氏は充分「指導」をしてきたのである。〈そんなことは自分で考えろ！〉〈おまえら、ホントに子どもだな……〉などと口にしたのだから。それだけではないが、そのせいもあって〈学級がもめ出した〉ことは明らかだ。

とにかく、〈指導らしい指導〉には本当は自分がすべきであった「正しかるべき指導」という観念が隠されている。指導は必ず「正しいもの」という含意がある。

これは新任の堀氏が思ったことではなく、経験を積んだ「すぐれた教師」である現在の堀氏が述べていることに注意を払うべきである。

彼は指導は「正しい」はずであり、「正しい指導」の反対は「正しかるべき指導をしないこと」だと考えている。こういう考えでは、教師の選択の幅がかなり限定されて狭くなる。教師の個性が否定される。教師がクローンになってしまう。

もめない学級がいい学級ではない

堀氏は「自分の思ったようにならなかった」から〈失敗〉したといっている。すなわち、教師と生徒とのコミュニケーションが、「教師の想定したこと」の範囲内でのみ語られている。生徒からのフィードバックは方法《やりかた》のみに限定されている。

新任の彼に対してだったら、こんなことをいうのは酷だが、経験を積んだ堀氏にはこう反論しても許されるだろう。

〈学級がもめ出した〉ことがどうして問題なのか。学級がもめればいいといっているわけではない。しかし、もめない学級がいい学級というわけではない。堀氏も書いているように、学級がもめれば〈生徒たちの成績は下が〉る。

しかし、〈学級がもめ出した〉ことは、教師（担任）の一元的な指導（支配）から脱けだして、生徒たちが自分たちの手でクラスを「創りはじめた」ことであるも事実なのである。教師はここにも突破口を見なければならない。

ここに大いなる可能性が秘められている。私が現役教師として低位の高校にいたとき、教師（担任）たちが何とか生徒たちをしっかりさせようとクラス創り（クラス自治の形成）に取り組んでいながら、生徒たちが自分の想定していないことをクラスで決定しようとしたりすると、全力でそれを潰しにかかるのをいくつも見てきた。

クラスが自立的な集団になっていくということは、教師の指導下から相対的に脱けだすことなのに。

そのとき、教師のほとんどは自分の想定していること（範囲）だけが「正しい」と考えるのである。生徒たちが教師が思いもしない決定をするとき、彼らは少なくともクラス集団の自治や個人の自立を（意識しないで）考えているのに。

行事は「生徒の自治」の空間

とにかく、生徒たちは、教師の限定された視界から離脱して、自分たちの集団性や世界を創ろうとしている。

ふつう教師にとって、生徒集団は教師が指導したり管理できるレベルの集団である。それが学校の日常のあり方である。

確かに、学校やクラスの日常を維持することは大切である。教師がコントロールするクラス集団なしに生徒の自治も語れない。

だが、堀氏の場合、中学一年生のクラスだし、彼自身の熱意やちからもあって、日常の構造が成立していなかったとは考えられない（日常の構造が成立していないと学級崩壊である）。

〈学級がもめ出した〉も、学校祭という非日常の自治的活動が始まったからである。行事は半分以上生徒たちの世界である。堀氏はこう書いている。

〈男子生徒も女子生徒も、それぞれ学祭の仕事をしない者がいると不満が噴き出す。理屈と感情がもつれ合い喧嘩が始まる。私はオロオロ、七転八倒である。

私は学校祭の推進係に青木唯と小華和洋介を据えていた。彼らは彼らなりによく頑張っていたが、私でさえ生徒たちをさばけないというのに、彼らには荷が重すぎる仕事だったはずである。

暗中模索――。教師も生徒も、前の見えない日々が続いた。

私は発想を変えることにした。学祭は失敗に終わっても良い。この際、徹底的に喧嘩

させて学級の膿《うみ》を全部出してしまおう。その方が後々のためになる。それは、私の学級経営の分岐点だったように思う〉

堀氏は学校祭をめぐるクラスの混乱を収拾しようとしなかったし、できなかった。教科（授業）は自治の空間ではないが、行事は生徒たちの自治の空間である。担任がおいそれと手を出せるものではない。

私も行事がうまくいかなくって放っておいたことが何回もある。それにしても、〈理屈と感情がもつれ合い喧嘩が始まる〉のだから、北海道の中学一年生はストレートで馬力がある。そういう感想を持つ。

堀氏に「生徒の自治」の観念があったのか、現在あるのかどうかは文脈から見て疑わしい。教科と同じように、教師の統制下にあるものと思っていたのではなかろうか。

行事を生徒の自治と考えれば、決定と執行の責任者はクラス委員や実行委員などの生徒の代表がなるべきである。

ところが、堀氏は「推進係」の二名の名前を挙げているだけである。推進係は生徒たちの実行の代表（責任者）ではなく、担任の手先のような印象が強い。担任と生徒たちの連絡係のようなものであろう。

私の場合は高校だが、クラスを動かす場合でも、入学式や始業式などの学校主催の儀式は、教師が主導しておこなった（たとえば、講堂へ連れていくことも教師がした）が、学年行事（遠足や修学旅行、学年スポーツ大会など）や生徒会主催の行事（文化祭、体育祭、生徒総会など）はクラス委員に主導させていた。

学校が主体になるものと、生徒集団が主体になるものとに、生徒によくわかるように区別して指導していた。

それは何よりも、生徒の自治の形成に力を注いで、生徒たちの自立を促そうとしたからである。生徒の自立とは、とりあえず「やらされている」より、自《みず》ら「やっている」部分が増えていくことである。

学校は教師が全般的にコントロールしているとはいえ、生徒たちが自ら決定、執行する局面がたくさんある。堀氏の実践観にはこの観点が薄いのではなかろうか。それは、教師が行事を一生懸命やるということとはまったく違うことである。

カリスマ教師の支配欲

学校祭後、色々な偶然や契機があって、堀氏の一年二組はどんどん良くなっていく。授業参観を契機に、国語の授業も活気づいていく。合唱コンクールで最優秀賞を獲得し、研究授業も成功する。

学年末になり、従来は新任は一年生を二回繰り返すことになっていたが、堀氏は自己主張したせいか、二学年の担任になり、持ち上がりで三学年の担任にもなる。そして、彼は振り返ってこう書いている。

〈私は二年六組、三年六組という二年間持ち上がりの学級を、遂に一年二組のようには愛せませんでした。

言うまでもなく一年二組はたった一年間、二・三年六組は二年間担任したわけですが、私の中でその位置づけが逆転することは遂にありませんでした。

誤解されないために書いておきますが、私は初めての卒業生、三年六組という学級を愛さなかったわけではありません。二十代の若き青年教師の時期に二年間も担任したのです。愛さないはずはありません。

しかし、私の中で、三年六組に対する愛情は、あくまで教師としての愛情なのです。彼らが自立し、立派な社会人となることを願う、そんな愛情なのです。いわば、教師として生徒たちに抱く普通の愛情です。

しかし、一年二組に抱いたものは違うのです。教師としての私ではなく、もっと奥深いところから湧き上がってくる、はらわたをえぐるような、偏執狂的な愛情なのです。もうこの子たちがいなければ私という人間が成立しない、そんな強迫観念にも似た愛情なのです〉

この辺になると、私のような凡人の教師にはよくわからない。カリスマ的な教師の「狂気」にはついていけない。のめり込む教師特有の感覚を持っているといおうか。

堀氏の心情吐露はわかるところもあるが、どちらかといえば違和感が強い。でも、そういう感性があるから生徒を動かしたり、影響を与えたり、喧嘩させたりすることができるのだと思う。

結局、これはクラス（生徒）に対する強い所有欲や支配欲で説明したほうがわかりやすいかもしれない。すなわち、一年二組は堀氏自身が最初から「創った」クラスである。良いことも悪いことも全部堀氏にかかわってくる。逃げられないし、執着がある。それに対して、二学年から担任になったクラスの生徒にはほかの教師の指導の手が入っている。その子がおかしくっても堀氏の責任ではない。

そういう生徒には所有意識や支配意識は持ちえない。ガラス一枚隔てて対面している感じである。愛着心はないわけではないが、どこか疎遠である。こういう感覚は私にもあった。

それに、〈学級がもめ出し〉て、〈喧嘩が始ま〉り、〈私はオロオロ、七転八倒〉し、〈暗中模索――。教師も生徒も、前の見えない日々が続いた〉クラスが、国語の授業によく取り組むようになり、〈合唱コンクールは最優秀賞を獲った〉し、〈研究授業も成功〉した。

そういう「地獄」から「天国」への転換による達成感、成就感も大きかったのではなかろうか。これは担任が一般的に持つ自分のクラスや生徒に対する所有欲や愛着心にかかわっている。

「私としての教師」と「教師としての私」

もうひとつ観衆のレベルを上げて分析すれば、堀氏が〈それは、私の学級経営の分岐点だったように思う〉と述べているように、新任の一年で、ひとつの教師観が変わったと考えられる。

それは私流にいえば、「私としての教師」(「私」の感覚にぐっと近づけた、薄められた教師のあり方)から「教師としての私」(教師を自ら引き受けた積極的な個人のあり方)に変身したのではないかということだ。

きっと、彼は自分の「私」を突きだして教師(担任)ができると過信していたのではないか。それが〈指導らしい指導もせずに〉行事に入ると〈学級がもめ出した〉。堀氏は〈オロオロ、七転八倒〉し、結局収拾に乗りだすこともできず、発想を変えて、〈徹底的に喧嘩させて学級の膿を全部出してしまおう。その方が後々のためになる〉と決断する(まあ、放りだしたわけだ)。〈それは、私の学級経営の分岐点だったように思う〉

とつながっていく。

これは私の直観だが、堀氏は教師というものが生徒から必ずしも好かれる存在ではないということがわからなかったのだと思う。教師は嫌われるという と強すぎるが、どちらかというと煙たがられるものだという事実を甘受《かんじゅ》できなかった。

おそらく、現在でも本質的にそうではないかと思われるが、生徒のみんなから好かれたかったのだ。教師と生徒を「個」と「個」の愛情関係だと見ている気配がぷんぷんする。

「愛情」はおかしい

国語教育のカリスマ的プロにこんなことをいうのは少々畏《おそ》れ多いが、一年二組と二年(三年)六組への執着の度合いを執拗《しつよう》に語るさいに、「愛」「愛情」という日本語としては違和感のある言葉を何度も使っている。

一年二組に対する特別な感情を示す言葉を使うなら(私は本音のところで「所有欲」だと見ているが)、「執着」「親和感」ぐらいであろう。堀氏は「愛」「愛情」を連発する。

〈私は二年六組、三年六組という二年間持ち上がりの学級を、遂に一年二組のようには愛せませんでした〉

〈私は初めての卒業生、三年六組という学級を愛さなかったわけではありません〉

〈二十代の若き青年教師の時期に二年間も担任したのです。愛さないはずはありません〉

しかし、私の中で、三年六組に対する愛情は、あくまで教師としての愛情なのです。彼らが自立し、立派な社会人となることを願う、そんな愛情なのです。いわば、教師として生徒たちに抱く普通の愛情です〉

まだあるが、もう引用するのはやめておく。とにかく、教師での立脚点が「私としての教師」から「教師としての私」に移行したのであろう。

それでも「愛」や「愛情」をクラスや生徒に対して使っているということは、「教師としての私」に徹しきれず、「私としての教師」に足を取られているからかもしれない。もっとも、本人は「理想の教師」と意識されているのかもしれない。

教師にとって「私」（自分）は「私としての私（個人としての私）」と「教師としての私（生徒に対面している私）」の二つとして意識されるはずである。

どちらにも「私」は入っている。「教師だけ」、「教師そのもの」は存在しない。

堀氏は〈私の中で、三年六組に対する愛情は、あくまで教師としての愛情なのです〉と書く。あるいは、〈いわば、教師として生徒たちに抱く普通の愛情です〉と述べる。

教師が担当している生徒に特別な感情を抱くのは一般的だが、それは愛着心や親近感ともいうべきものであり、「愛情」とはふつういわないと思う。

もし「愛情」を注ぐとすれば、「教師である私」（個人）が特定の生徒（個人）に対して注ぐはずである。クラスに対する「愛情」とか、生徒たちに抱く「愛情」とかは語法としても違和感が大きい。

いずれにしても、「教師」はひとつの抽象であり、〈教師として生徒たちに抱く普通の愛情〉などというものは存在しない。

ひとりの人間としての葛藤

クラスや生徒に対する「愛」「愛情」にこだわる堀氏は、二、三年の担任をしていながら、〈教師が素の人間として生徒を愛することは善か悪か……〉という問いにつきまとわれる。教師としてのふるまいの質としてそれは彼の内部で問われ続ける。

〈私は二年、三年と持ち上がりで六組を担任している間、自分が生徒たちに綺麗事を語っているような気がしてなりませんでした。

ほんとうには思っていないことを教師だから言っている自分、教師然として語る自分、そんな自分が嫌で嫌でたまらなかったのをよく覚えています。

そして学級でひと言語るたびに、これは私の本音か、私の生《なま》の言葉か、一年二組の生徒たちに対してなら別のことを言ったのではないか、そんな疑問を自分に投げかけるのでした。

しかし、いつも私の答えは同じでした。自分は教師として正しいことを言っているのだ、少なくとも教師として妥当なことを言っているのではないか、素の自分で語ってど

うする、それは生徒たちを惑わすだけだ、決して導くことはない……それが私の答えなのでした〉

教師になって二、三年でこれほどの問いを立てた堀氏は半端ではない。私なんか、もっともやもやしていて言葉にならなかった。

だが、最初に断言しておきたいのは「愛」の語法のずれも含めて、〈教師が素の人間として生徒を愛すること〉は望ましからぬことだと思う。

堀氏は、教師が身にまとわなければならない社会的なあり方や約束事から離れた一個の「人間」として、生徒たちに接したかったのである（私も大いに思い当たるが）。

それが〈素の自分〉であり、私の表現では「私としての私」である。だが、教師としてのあり方を身にまとわない教師はいない。「私としての私」は生徒には見えない。

つまり、〈素の自分〉は自己の内部で確信されているだけで、生徒の眼前に立ち顕《あらわ》れることはない。生徒が見ているのは「教師としての堀氏」である。それはちょうど、私がよくテーマとしている「社会的な個人」と「内的な自己」の「内的な自己」に当たる。社会性をまとわない「純粋な自己」は他人《ひと》には見えない。

教師の中の「私」はなくならない

堀氏は〈素の自分〉と〈教師〉とに引き裂かれる。彼は〈自分は教師として正しいことを言っている〉〈少なくとも教師として妥当なことを言っている〉と自答して、〈素の自分〉を抑えつけている二、三年生の担任である自分の言動を正当化し、「納得」する。

しかし、〈素の自分〉であった一年二組の担任のときより心は空《うつ》ろである。ここで残念なのは、堀氏が〈教師として〉という表現で、自らの教師の言動を教師の一般性に逃げ込ませ、その言動の中に必ず含まれる「私」の責任を自覚しなかったことである。

教師になっても「私」はなくならないのだ。教師であるAさんと教師であるBさんが、「同じこと」を生徒に伝えようとしても、必ず「違ったものになる」。そこにAさん、Bさんの選択や決断が必ず入ってくる。

だから、望むらくは、堀氏は〈教師として〉ではなく、自分の教師としての言動に含まれる「私」の決断や選択を自覚すべきだったのである。教師にとっても、教師と対面している生徒にとっても、「教師」と「私」はけっして分離しないのである。

すぐれた教師の「完成」とは

堀氏は教師になって、最高の一年で転換点を見つけ、四、五年でそれを考え方として整理して、「すぐれた」教師の姿を形成していったようである。

最後に最初の五年間を整理した文章にコメントして、この偉大なるカリスマ教師の『エピソードで語る　教師力の極意』(明治図書出版)へのコメントを終了したい。

〈私はこの五年間で私が私という人間として生徒たちに接することによって、私によって大きな成長を遂げる生徒たちがいる代わりに、その裏で膨大な生徒たちが私という教師によって傷つけられたのではないか、成長が保障されなかったのではないか、そういう想いを抱きました。

それは教師の仕事として成功と言えないのではないか、それが私という教師の五年間の到達点でした。この想いは私にとって、いまなお消えることのないテーゼとなってい

ます〉

堀氏が依然として「完成」を求めている姿勢は歴然としている。だが、少し理屈っぽいふつうの教師である私は、「成長させる」のも「傷つける」ことも、ひとつの実践に必ずつきまとう両面だと考える。

「成長させる」生徒と「傷つけてしまう」生徒とが発生するだけでなく、ひとりの生徒を「傷つけたり」「成長させたり」する。また、「傷つけ」ないと、「成長」させられない。

人間の営みはどちらかに純化させることはできない。ある生徒に合うことはほかの生徒には合わない。もし堀氏の教育がある生徒たちを傷つけなかったとしたら、それは〈大きな成長を遂げる生徒〉も生み出さなかったに違いない。

それに〈傷つけられた〉生徒が〈成長を保障されなかったのではないか〉と考えることは、教師として思い上がりもはなはだしい。

判断力が正しくてもうまくいかない教師はたくさん居る。どこかで大いに勘違いしていても生徒に多大な影響を与えられる教師も居る。それは人間が複雑で矛盾した存在であるからだととりあえずいっておこう。

生徒は「創られる」のではなく、自分で「創っていく」のだ。「成長」などという一面的な言葉で子ども（生徒）たちの人生を見積もることは許されない。

「すごい教師」は全身全霊を教育に（生徒に）注ぎつつ、その成果と自己の教師としての現れについてはどこかに不安と断念を抱き続けている。

「すぐれた教師」は全身全霊を教育に（生徒に）注ぎつつ、その成果と自己の教師としての完成についてつねに疑念を抱き続けている、とでもいうべきか。

※堀裕嗣氏は小学館新書『スクールカースト の正体：キレイゴト抜きのいじめ対応』で、スクールカースト論にまつわって諏訪哲二批判を展開しているが、本章は『スクールカーストの正体』の発刊以前に書き上げたものだ。堀氏の諏訪批判についてはとりあえず中々反論を書く気持ちにはなっていないのが正直なところである。

諏訪哲二（すわ　てつじ）

1941年千葉県生まれ。「プロ教師の会」名誉会長。作家。東京教育大学文学部卒業。埼玉県立川越女子高校教諭を2001年3月に定年退職。「プロ教師の会」は、80年代後半に反響を呼んだ『ザ・中学教師』シリーズ（宝島社）をはじめとして、長年にわたり教育分野で問題提起を続けている。著書に『学校はなぜ壊れたか』『プロ教師の見た教育改革』（ともにちくま新書）、『なぜ勉強させるのか？』『間違いだらけの教育論』（ともに光文社新書）、『オレ様化する子どもたち』『生徒たちには言えないこと』『いじめ論の大罪』『「プロ教師」の流儀』（以上、中公新書ラクレ）、『尊敬されない教師』（小社刊）などがある。

ベスト新書
565

教育改革《きょういくかいかく》の9割《わり》が間違《まちが》い

二〇一七年十月二〇日　初版第一刷発行

著者◎諏訪哲二《すわてつじ》

発行者◎栗原武夫
発行所◎KKベストセラーズ
東京都豊島区南大塚二丁目二九番七号　〒170-8457
電話　03-5976-9121（代表）
装幀◎坂川事務所
印刷所◎近代美術株式会社
製本所◎株式会社積信堂
DTP◎近代美術株式会社

ISBN978-4-584-12565-6　C0237